요한계시록
관점설교
I

요한계시록 관점설교 Ⅰ

지은이　최　식
발행인　최　식
발행처　도서출판 CPS
펴낸날　2021. 4. 26
등　록　No. 112-90-27429
주　소　경기도 남양주시 다산중앙로82번길 48
전　화　031)558-1025~6
팩　스　031)574-1027
홈페이지　www.cpsbook.co.kr

ISBN 979-11-88482-10-8

값 20,000원

ⓒ 판권 저자 소유
이 책의 일부분이라도 저자의 허락 없이는 무단 복제할 수 없습니다.

CPS 관점설교 시리즈 16

Revelation
요한계시록 관점설교 I

CPS

추천사

요한계시록 바르게 해석, 쉽게 이해하도록

　미국 EVANGELIA UNIVERSITY 목회학 박사 과정의 한국 책임 교수이신 최식 목사님이 열여섯 번째 책 〈요한계시록 관점설교〉를 출간하였습니다. 책을 계속해서 출간하는 것은 남다른 시간 활용과 근면함이 있었음을 입증합니다. 사실, 좋은 책은 저자가 누구이냐에 따라 결정이 됩니다.

　10년 이상 곁에서 보았던 최 목사님은 대인 관계의 친화력, 주님을 높이는 열정과 맡은 일에 대한 추진력이 참 대단하신 분입니다. 관점설교 연구로 박사 학위를 받고 오래 전 세우신 "CPS 설교학교"를 통하여 관점설교 방법론을 수년간 한국 교회에 소개해 오신 분입니다.

　너무나 오랫동안 한국의 많은 그리스도인들에게 요한계시록은 난해한 책, 무서운 책, 그리고 학설이 너무 많은 책으로 인식이 되어 왔습니다. 그러다보니 요한계시록은 주로 이단들이 자기들의 종말론 교리를 주장할 때 종종 사용하는 교회 밖의 책, 닫힌 책이 되고 말았습니다. 더구나 체계 있는 신학적 훈련을 받지 못한 사람들에 의해 계시록의 해석이 주로 문자적으로 이루어지면서 성서주의(biblicism)이나 근본주의(fundamentalism) 방향으로 나아가게 되었습니다. 미국의 세대주의 신학자들의 영향으로 7년 대 환난, 휴거 및 천년 왕국 같은 용어를 문맥과 장르를 고려하지 않고 사용하면서 요한계시록의 해석이 왜곡되어 왔습니다.

　요한계시록은 세상 끝에 어떤 사건들이 일어나게 될 것이라는 시나리오를 알려주는 책이 아닙니다. 연속적으로 일어나는 인 재앙, 나팔 재앙, 대접 재앙들이 계시록의 중심도 아닙니다. 문자적으로 읽을 것이 아니라 메시지를 읽을 줄 알아야 합니다. 200여개의 숫자가 나오는데 대부분 상징적 의미들로 사용된 것입니다. 또 많은 그림들을 해석할 줄 알아야 합니다. 어떤 것은 구약 성경에서 나오고, 어떤 것은 그리스 신화에서, 또 어떤 것은 고대근동의 신화에서 나오기도 합니다. 그러므로 그런 배경을 잘 알아야 하고, 당시 로마제국의 정치적 상황도 잘 알아야 하며, 나아가 요한계시록 자체에 나타나있는 구조도 잘 알아야 바르게 해석할 수 있고 이러한 바른 해석의 토대 위에서 성경적인 바른 설교가 나올 수 있는 것입니다.

최식 교수님은 요한계시록 당시의 소아시아 일곱 교회가 처한 상황 속의 이미지들을 바르게 해석하고 있으며, 또한 1세기 말 독자들의 사회, 문화, 정치, 그리고 종교적인 컨텍스트 속에서 본문을 이해한 후 관점설교로 발전시켜 나갑니다. 뿐만 아니라, 하나님의 심판이 역사 속에서 시간 순서대로 일어난다고 여기는 문자적 해석의 잘못된 길로도 가지 않으며, 천년왕국의 이미지를 문자 그대로 받아들이지도 않습니다. 예언과 이미지 속에서 원저자가 전달하려는 신학적인 뜻을 철저하게 살피고 나서 그 후에 관점 설교로 작성하고 현실에 쉽게 적용하도록 나아가는 과업을 책의 첫 페이지부터 끝까지 일관성 있게 수행하고 있습니다.

교계의 지도자이면서 다산중앙교회 담임목사로서 양들의 형편을 우선적으로 생각하는 최식 목사님의 〈요한계시록 관점설교〉 책자를 대하는 분마다 요한계시록을 보다 쉽게 이해하는 안목을 얻게 되리라 확신하며 기쁨으로 추천하는 바입니다.

2021년 4월 12일
원차희 박사
EVANGELIA UNIVERSITY
Professor of New Testament

프롤로그

계시록, 성도의 궁극적 승리를 보장한다

　요한계시록을 설교로 나누는 것은 매우 부담스런 일입니다.
　이미 이루어진 일이 아니라 앞으로 되어질 일이기에 더욱 더 조심스럽습니다.

　계시록을 풀어가는 여러 가지 신학적인 입장들, 역사주의적 견해, 미래주의적 견해, 상징주의적 견해 등이 있습니다. 이번에 나누게 되는 계시록 관점 설교는 본문을 주해하고 신학적인 내용을 전달하려는 목적이 아닙니다.

　계시록 전체는 복음의 완성이고 교회의 완성이며 성도들의 궁극적 승리를 보장합니다. 그러므로 계시록은 두렵고 무서운 무거운 말씀이 아닙니다.

　복음 운동의 현장에서 악의 무리들과 필연적 싸움을 피할 수 없는 교회와 성도들이 악의 무리들, 즉 사탄의 무리들의 정체를 바로 알고 대처하며 바른 복음 운동으로 이들과 싸워 이길 수 있는 비결을 예수님께서 요한을 통하여 말씀해 주셨습니다. 이것을 오늘 성도들이 어떻게 받아서 삶에 적용할 것인지를 본문마다 관점을 중심으로 나누려고 했습니다.

　설교는 목적 있는 전달입니다.
　본문에서 말씀하시려는 하나님의 목적과 그 목적이 청중들에게 분명한 삶으로 연결되도록 전달해야 합니다.

　계시록 관점 설교는 계시록 1장부터 마지막 22장까지 각 장의 단락마다 관점을 제시하고 그 관점을 중심으로 하나님의 목적과 적용을 분명히 함으로 설교가 삶으로 연결 되도록 노력했습니다.

　이단과 사이비 세력들이 난무하는 목회 일선에서 분투하시는 설교자들에게 자그마한 힘이라도 보탬이 되기를 소망합니다.

　존경하는 LA Evangelia University 원차희 교수님의 추천에 감사드리며 함께 동역하는 아내와 CPS 설교학교 모든 동문 목사님들에게 깊은 감사드립니다.

2021. 4. 16
CPS 설교학교 최 식 목사

목차

추천사

프롤로그

Part 1 | 요한계시록 1장
예수 그리스도의 계시 _ 13
일곱 교회에 편지하노니 _ 18
그가 구름 타고 오시리라 _ 23
알파와 오메가 _ 28
밧모섬에서 _ 33
인자 같은 이 _ 39
네가 본 것은 _ 45

Part 2 | 요한계시록 2~3장
처음 사랑 _ 55
수고와 인내를 _ 62
죽도록 충성하라 _ 68
부요한 자들 _ 75
그리하지 아니하면 _ 81
나를 믿는믿음 _ 87
불꽃같은 눈으로 _ 94
있는 것을 굳게 잡으라! _ 101
그 옷을 더럽히지 않은 자들 _ 108
살아 있으나 죽은 자 _ 113

열린 문을 두었으니 _ 119
작은 능력 _ 125
차든지 뜨겁든지 _ 132
너만 알지 못하는도다 _ 138
문 밖에 계신 그리스도 _ 144

Part 3 | 요한계시록 4~10장

하늘의 보좌 _ 153
오른손의 두루마리 _ 161
죽임을 당하는 어린 양 _ 167
인을 떼시다 _ 174
그 인 맞은 자들 _ 183
성도의 기도 _ 191
천사의 나팔 _ 197
무저갱과 황충들 _ 203
결박당한 네 천사 _ 210
힘 센 천사 _ 216
작은 두루마리 _ 223

Revelation

Revelation
요한계시록

PART_1
1장

Revelation

CHAPTER 01

예수 그리스도의 계시

계 1:1~3

> **계시**
>
> 우리는 종종 "계시를 받았다"는 말을 듣기도 하고, 어떤 이는 "계시가 임했다"는 말을 하기도 합니다.

설교를 이끄는 관점

계시록을 시작하는 첫머리에 계시란 말이 나옵니다. "예수 그리스도의 계시라." 여기서 "계시"란 어떤 의미일까요?

아무런 사전 정보도 없이 "예수 그리스도의 계시"라는 말부터 시작한 이유가 있을 것입니다. 왜 첫머리부터 "계시"란 말을 강조하고 있을까요?

우리는 주변에서 "계시"라는 말을 자주 듣습니다. 여러분은 "계시"란 말을 들을 때마다 무슨 생각을 하셨습니까? 혹시 이 자리에 계신 분들 중에 계시를 받은 경험을 가진 분이 있을까요?

오늘은 계시란 무엇인지, 계시록에서 계시는 어떤 의미로 우리에게 주어졌는지를 살펴보려고 합니다.

하나님의 목적으로 해결

여기서 계시란 베일을 벗겨낸다는 의미입니다. 예수 그리스도의 계시란 예수 그리스도께서 베일을 벗겨내신다는 말입니다.

무엇이 숨겨져 있기에 예수님께서 직접 나서서 베일을 벗겨내신다는 말입니까?

1절에 답이 있습니다.

> "반드시 속히 일어날 일들을 그 종들에게 보이시려고 그의 천사를 그 종 요한에게 보내어 알게 하신 것이라"(1)

예수님께서 베일을 벗기신 것은 반드시 속히 일어날 일들입니다. 반드시 속히 일어날 일들이 감추어져 있기에 그 종들에게 계시로 보여주셔서 그 일들이 일어날 때를 준비하게 하시려는 것입니다.

1. 예수님은 요한에게 계시를 보여주셨습니다(2절).

예수님은 반드시 속히 될 일을 요한에게 보이시려고 그를 밧모섬에 잠시 머물게 했습니다. 예수님께서 보여주실 계시를 받는데 아무도 방해하지 못하도록 시간과 장소에서 그를 구별하셨습니다.

2. 계시의 내용은 반드시 속히 될 일입니다(1절).

계시 안에 담겨진 내용이 허상이 아닙니다. 잠시 보여주고 사라지는 일들이 아니라 반드시 속히 이루어져서 모든 교회와 성도들이 알게 될 사실입니다.

3. 계시를 보여준 이유는 본대로 증언하게 하기 위함입니다(2절).

계시의 내용이 심상치 않습니다. 미리 준비하거나 대비하지 않으면 안 되기에 미리 계시하심으로 그가 본대로 증언하여 듣는 자들을 살리시기 위함입니다.

증언하는 방법은 3가지입니다.
- 기록하여 읽게 하는 것이 증언입니다.
- 입으로 증거하여 듣게 하는 것이 증언입니다.
- 읽고 들은 자들이 계시의 내용대로 지키도록 하는 것이 증언입니다.

4. 시간을 아껴서 계시의 내용대로 살아야 합니다(3절).

"때가 가까움이라." 이는 경고와 촉구가 담겨진 음성입니다. 시간을 아껴서 계시의 내용을 깨닫고 실천함으로 복된 교회와 성도로 세워져야 합니다. 예수님은 우리를 복 주시려고 "계시"를 요한에게 먼저 주셨습니다.

청중 적용

사랑하는 여러분!

1. 계시에 대한 잘못된 생각을 가진 사람들이 있습니다.

아직도 현재적이고 직접적인 계시가 임한다고 여기는 사람들이 있습니다. 그런 자들 중에는 "내가 계시를 받았다"는 말을 서슴지 않고 합니다.

정말 그럴까요?

모든 계시는 베일을 벗기듯이 벗겨져 있습니다. 그 계시를 담아 둔 것이 바로 성경입니다. 더 이상 성경 외에 그 어떤 계시도 임하지 않습니다. 계시를 악용하여 교회와 성도들을 어지럽히는 세력들을 더 이상 방관해서는 안 됩니다.

* 계시를 받는다는 말은 잘못 사용되는 말입니다.
* 계시를 받았다는 말도 사실이 아닙니다.
* 우리는 이런 말을 서슴지 않고 하는 자들을 경계해야 합니다.

2. 예수님은 성경을 통하여 말씀하십니다.

요한에게 계시의 내용을 기록하라 하신 이유가 여기에 있습니다. 요한에게 말씀하신 것을 기록한 성경이 계시입니다. 성경은 계시의 완성입니다. 요한 이후에 그 누구에게도 직접 계시를 말씀하셔서 이미 주신 계시의 권위를 무너뜨리신 적이 없습니다.

더 이상 계시를 받으려고 헛된 신앙적 노력을 해서는 안 됩니다. 계시를 받았다는 그 누구의 음성도 좇아가서는 안 됩니다. 성경은 계시입니다. 반드시 속히 될 일들을 기록하신 계시입니다.

1) 성경을 읽을 때 계시를 주신 성령님의 감동을 받게 됩니다.

2) 성경을 풀어서 들려주는 설교를 들을 때 계시의 비밀들이 나에게 적용되고 역사합니다.

3) 기록된 성경이 지시하는 대로 행할 때 계시의 결과들이 내 삶 속에 나타납니다.

청중결단

예수님은 성경에 기록된 계시를 통해서 말씀하십니다. 예수님은 기록된 계시가 바른 교회를 통하여 전달될 때 듣는 자들에게 하나님의 비밀들을 깨닫게 하시고 하나님의 일들을 이루어가십니다!

성경대로 신앙합시다!
오직 성경!
성경 중심!
계시는 성경입니다!
신·구약 성경만이 계시의 완성입니다.

CHAPTER 02

일곱 교회에 편지하노니
계 1:4~6

> **일곱 교회**
> 어떤 편지에든 발신자와 수신자가 있습니다. 요한도 본문에서 아시아에 있는 일곱 교회가 편지의 수신자임을 밝히고 있습니다. 그런데 수신자만 밝혔을 뿐 발신자인 요한의 이야기는 전혀 언급되지 않습니다.

설교를 이끄는 관점

4절을 시작하면서 수신자를 밝히고 곧바로 예수님에 대한 이야기를 꺼내고 있습니다. 일반적으로는 편지의 서두에서 발신자의 안부나 특별한 상황들을 전합니다. 그런데 요한은 자신의 이야기는 한마디도 하지 않습니다. 왜 자신의 이야기는 숨기고 예수님 이야기부터 시작한 것일까요?

그리고 편지의 수신자가 일곱이기 때문에 일곱 가지 이상의 상황과 형편이 있을 것인데 왜 한 통의 편지로 일곱 교회 모두에게 소식을 나누려는 것일까요?

요한의 편지를 수신하는 일곱 교회는 요한의 편지를 받고서 어떤 반응을 보였을까요?

하나님의 목적으로 해결

계시록은 요한이 보낸 편지이긴 하지만 요한의 생각을 전달한 것이 아닙니다. 계시록의 진짜 발신자는 예수 그리스도이십니다. 그래서 요한은 계시록의 발신자이신 예수님의 이야기로 편지를 시작하고 진행하고 마무리했습니다.

본문은 편지의 시작 부분입니다. 요한은 계시록의 발신자이신 예수님이 어떤 분이신지를 일곱 교회 모두에게 소개하고 있습니다.

1. 예수님은 살아계신 하나님이십니다.

"이제도 계시고 전에도 계셨고 장차 오실 이"(4)

예수님은 창세 전부터 계신 하나님이십니다. 요한은 그 사실을 자신이 기록한 또 다른 계시, 요한복음을 통해서도 고백했습니다(요 1:1-3).

예수님께서 전에도 지금도 살아계신 하나님이시라고 소개한 것은 예수님께서 편지의 수신자인 일곱 교회의 과거와 현재를 낱낱이 알고 계심을 알리는 부분입니다.

2. 예수님은 성부 하나님 그리고 성령님과 동행하십니다.

"그의 보좌 앞에 있는 일곱 영과"(4)

"그의 보좌"는 성부 하나님이 거하시는 처소를 의미합니다.
"보좌 앞에 있는 일곱 영"은 성부 하나님과 함께 활동하시는 성령 하나님이십니다.
예수님은 성부 하나님과 성령님이 동행하시는 삼위일체 하나님이십니다. 이는 예수님께서 신적 권위로 일곱 교회에 임하심을 알리는 부분입니다.

3. 예수님은 구원의 주이십니다(5절).

예수님은 성부 하나님의 뜻을 이루어 드리는 일에 죽기까지 충성하셨습니다. 그리고 구원의 주가 되시려고 죽은 자 가운데서 살아나심으로 그의 피로 우리를 죄에서 해방하셨습니다. 예수님은 일곱 교회 안에서 구원을 완성시키는 유일한 구세주이십니다.

4. 모든 영광은 예수님께 돌려야 합니다(6절).

예수님은 우리를 값없이 하나님의 나라와 제사장으로 삼으셨습니다. 이제 우리는 값없이 받은 구원의 은혜를 힘입어 예수님께 영광 돌리는 삶으로 나아가야 합니다.
예수님께서는 일곱 교회를 통하여 모든 영광을 받으시기 합당하신 분이십니다. 그러므로 모든 일곱 교회는 예수님께 마땅히 영광 돌리는 것이 교회의 존재 목적이 되어야 합니다.

청중 적용

사랑하는 여러분!

1. 요한의 편지를 수신한 일곱 교회와 우리 교회는 무슨 다른 점이 있을까요?

일곱 교회가 존재하고 있었던 장소나 시간은 다르지만 예수님께서 우리 교회를 주목하고 계시는 것은 전혀 다르지 않습니다. 계시록에 등장하는 일곱 교회는 이 지상에 존재하는 모든 교회들의 유형이기 때문입니다.

이런 의미에서 오늘 예수님은 우리 교회를 주목하시며 일곱 교회에 소개하신 대로 우리 교회에도 동일하게 임하시는 것을 잊지 말아야 합니다.

* 우리 교회는 요한이 전한 계시의 수신자입니다.
* 우리 교회는 일곱 교회에 주신 모든 말씀을 아멘으로 받아야 합니다.
* 계시는 나와 우리 교회를 향하여 주신 메시지입니다.

2. 예수님은 24시간 우리 교회와 함께 하십니다.

예수님은 살아계셔서 모든 일들을 살피시며 주목하고 계십니다. 그리고 합당한 영광을 받으시기 원하십니다.

1) 교회의 모든 일은 예수님 중심이어야 합니다.

예수님을 중심하지 않는 일은 예수님께서 불편하게 여기십니다. 모든 일의 시작과 진행과 결과를 예수님 중심으로 해야 합니다.

2) 교회는 예수님께서 목적하신 바를 이루어 드려야 합니다.

예수님은 교회를 통해서 구원 운동이 이루어지기를 원하십니다. 예수님은 이 일을 위해서 먼저 충성된 증인으로서 십자가에서 죽으심으로 본을 보여주셨습니다. 이제 지상교회의 사명은 예수님처럼 구원을 이루는 일에 충성해서 모든 백성들을 하나님의 나라와 제사장으로 삼아야 합니다.

3) 모든 영광은 오직 예수님께 돌리십시오!

교회는 예수님의 영광을 선포하고, 예수님은 교회가 드리는 영광을 받으시고 교회들을 복주십니다. 예수님께 영광을 돌리는 교회마다 교회다운 교회로 세워지게 됩니다.

청중 결단

우리 교회는 예수님께서 주목하시는 교회입니다.
예수님께서 사용하시는 교회가 되도록 모두 예수님 중심으로 세워갑시다!

CHAPTER 03

그가 구름 타고 오시리라

계 1:7

> **오 시 리 라**
>
> 예수님의 재림에 대한 이야기들이 분분합니다. 또한 자신이 이 땅에 온 재림 예수라고 떠드는 자들도 적지 않습니다. 이번 기회에 예수님의 재림에 대한 분명한 신앙과 성경의 교훈을 새겨봅시다.

설교를 이끄는 관점

"볼지어다 그가 구름을 타고 오시리라"고 하셨습니다.

여기서 말하는 "그"는 바로 예수 그리스도이십니다.

그런데 예수님께서는 왜 구름을 타고 오신다고 했을까요?

좀 더 멋지고 화려한 모습으로 오신다면 좀 더 많은 사람들이 예수님의 위엄과 권세를 보면서 단번에 예수님이심을 알아보고 믿을 수 있을텐데 말입니다.

왜 하필 초라하기 짝이 없는 구름을 타고 오신다고 하셨을까요?

전설의 고향에 나오는 도사들처럼 이상한 모습을 상상하도록 왜 하필 구름을 타고 오신다고 했을까요?

하나님의 목적으로 해결

예수님께서 "구름을 타고 오신다"는 말은 이상하고 신비스런 모습으로 다시 오신다는 말이 아닙니다. 예수님께서 "구름을 타고 오신다"는 말씀을 문자적으로 해석해야 합니다.

이유는 사도행전 1:11절에 "이 예수는 하늘로 가심을 본 그대로 오시리라" 약속하셨기 때문입니다.

예수님의 재림은 반드시 성경에 기록된 대로 공개적으로 이루어질 것입니다. 우리는 이 사실을 믿고 예수님의 다시 오심을 기다려야 합니다.

이단들은 이 구름을 영적으로 해석해서 교주 자신들을 드러내려는 왜곡된 의도로 사용합니다. 우리는 이들을 조심해야 합니다.

모든 교주들은 구름 타고 오지 않았습니다. 이 땅에서 왔습니다. 그래서 그들은 다시 오신 예수가 아니라 사이비 집단이며 이단입니다.

* 예수님께서 구름 타고 오시리라고 여러 곳에서 말씀하셨습니다.

* 예수 그리스도의 재림은

1. 공개된 사건입니다.

"각 사람의 눈이 그를 보겠고"(7)

성경은 우리가 예수님의 재림을 눈으로 볼 수 있다고 했습니다. 모두의 시각=눈으로 예수님께서 다시 오시는 것을 보여주는 사건이 재림입니다.

우리의 두 눈으로 예수님의 재림을 똑똑히 보게 될 것입니다.

2. 그를 찌른 자들도 볼 것이요

예수님의 재림은 신자들만이 경험하는 사건이 아니라 불신자들도 예수님의 재림을 목격하게 되리라는 말씀입니다. 신자들에게 다시 오시는 예수님은 영광스럽고 환영할 사건이지만, 그를 찌른 자들에게는 절망과 탄식의 사건이 될 것입니다.

3. 땅의 모든 족속이 그로 말미암아 애곡하리라

예수님의 재림은 땅의 사람들에게 고통의 시간입니다. 이들에게 예수님의 재림은 더 이상 어떤 기회도 주어지지 않는 끝, 절망의 시간입니다.

예수님의 재림은 회개의 시간을 의미하는 것이 아니라 후회하고 탄식함으로 울부짖는 애곡의 시간입니다. 심판과 진노를 바라보고 통곡하는 시간입니다.

청중 적용

사랑하는 여러분!

1. 우리는 지금 어떻게 살고 있습니까?

다시 오실 예수님을 맞이할 준비된 삶을 살고 있습니까?

아니면 언젠가는 오실 예수님이지만 내가 살아 있는 동안에 오시지 않을 것이라고 안심하며 살고 있지는 않습니까?

* 예수님 재림에 대한 분명한 신앙과 단단히 준비된 자세가 절실합니다. 재림에 대한 이단들의 검은 손이 우리 주변 가까이에 있기 때문입니다.

이들을 경계하고 바로 알아야 합니다.
* 다시 오시는 예수님은 인간 몸으로 오시지 않습니다.
* 다시 오시는 예수님은 한국에만 제한적으로 오시지 않습니다.
* 다시 오시는 예수님은 비공개적으로 오시지 않습니다.

2. 예수님의 재림은 숨길 수 없는 사건입니다.

믿음의 눈이 아닌 육신의 눈이 목격할 것이기 때문입니다.

1) 언제 오실지 모릅니다.

오늘 오실 수도 있고 내일이라도 오실 수 있습니다.

예수님 맞을 준비를 항상 하도록 시와 때를 공개하지 않으셨습니다.

* 마 16:27 "인자가 아버지의 영광으로 그 천사들과 함께 오리니"
* 살전 4:16 "친히 하늘로부터 강림하시리니"
* 살전 1:10 "그의 아들이 하늘로부터 강림하실 것을 너희가 어떻게 기

다리는지를 말하니"

2) 철저하게 회개하면서 기다려야 합니다.
예수님을 맞이할 신부의 최고 준비는 신앙의 정절입니다.
세상으로부터 오염되지 않은 순수한 신앙과 삶입니다.
한 가지 방법 밖에 없습니다. 매일 옷을 빨아서 희게 하는 것처럼 회개만이 살 길입니다.

3) 예수님의 재림을 맞이하는 장소는 교회입니다.
예수님께서 일곱 교회를 향하여 다시 오실 주님의 모습을 공개하신 이유가 있습니다. 예수님의 재림은 모든 교회들이 경험하게 될 것이기 때문입니다.
말세에는 교회 중심의 신앙이 무너지는 때입니다. 다시 오실 예수님은 교회를 주목하고 계십니다.

청중 결단

아멘, 주 예수여 오시옵소서!
당당하고 준비된 신앙으로 고백합시다!

재림에 대한 잘못된 가르침과 교주들의 속임수를 분별해야 합니다. 자신이 재림주라고 주장하는 자들은 묻고 따지고 할 것 없이 이단이며 거짓말쟁이입니다. 왜냐하면 그는 모든 자들이 볼 수 있도록 공개적 재림을 하지 못했기 때문입니다.

CHAPTER 04

알파와 오메가

계 1:8

> **나 는**
> 자기를 알리고 자기 가치를 높이려는 노력들이 치열한 세상 속에 있습니다. 그래서 어떤 사람은 자기의 이력을 거짓으로 포장하기도 하고 사진을 고치거나 얼굴을 성형하기도 합니다. 모두가 자기를 알리려는 처절한 노력입니다.

설교를 이끄는 관점

예수님께서 자신을 스스로 알리시고 계십니다.

"나는 알파요 오메가라"(8)

이 말씀이 무엇을 의미하는지 아십니까?
여기서 알파와 오메가란, 헬라어 알파벳 첫 글자 $A(a)$와 마지막 글자 $\Omega(\omega)$입니다.
왜 예수님은 자신을 알파와 오메가라고 하셨을까요?

이것이 어떻게 예수님을 알리는 수단이 된다는 말입니까?
우리는 생활속에서 알파와 오메가란 말을 많이 사용합니다.
여러분은 어떤 경우에 이런 말을 듣고 또 사용했습니까?
예수님께서 자신을 알파와 오메가라고 소개하셨는데, 그것은 어떤 의미를 담고 있을까요?

하나님의 목적으로 해결

여기서 예수님이 자신을 알파와 오메가라고 스스로 소개하신 것은 예수님으로부터 모든 것이 시작되고 예수님으로 마무리가 된다는 의미입니다.

예수님은 구원의 시작이시며 구원의 완성이십니다. 예수님을 알고 믿는 것에서 인간의 참된 삶이 시작되고 예수님을 믿음으로 인간의 복된 마무리가 이루어집니다.

예수님을 알지 못하고 믿지 않는 자들의 삶은 살아 있으나 죽은 자들입니다. 예수님은 구원의 시작이시며 구원의 완성이십니다.

1. 예수님은 우리의 지난 모든 것들을 알고 계십니다.

"전에 있었고"(8)

그 분 앞에 숨기고 감출 수 있는 것은 아무것도 없습니다.
지난날 나의 잘못된 것, 주를 위한 열심과 충성된 삶 모두를 기억하십니다.

예수님은 우리가 무엇을 시작했는지 모두를 알고 계십니다.

2. 지금 내 모습을 주목하십니다.

"이제도 있고"(8)

예수님의 시간은 언제나 현재입니다.
지금 내가 어떤 모습으로 사는지를 주목하고 계십니다.
예수님께서 현재 내 삶을 주목하시는 이유는 내가 사는 동안 모든 필요를 채워주시기 위해서입니다.

3. 그분은 아무것도 잊어버리지 않으십니다.

"장차 올 자요"(8)

이는 내 삶의 결과를 잊지 않으시고 상급을 주시려고 오신다는 약속입니다. 그분이 오시는 것은 삶의 끝이요 영광의 시작입니다.

4. 그분은 말씀만 하시는 분이 아닙니다. 행동하시는 능력을 보이시는 분이십니다.

"전능자(샤다이, shaddai)이시라"(8)

온 세상을 다스리시며 약속을 지키시기 위해서 교회와 성도들에게 능력을 행하시는 분입니다.

* 그러므로 알파와 오메가이신 예수님을 소개하는 것은 예수

님을 붙잡고 시작부터 끝까지 신앙을 지키라는 권고입니다.

청중 적용

사랑하는 여러분!

1. 지금 나는 무엇을 붙잡고 살고 있습니까?

나를 지탱하는 힘은 무엇입니까?

만일 나를 지탱하고 있는 것이 세상 것이라면 나는 아무것도 시작하지 못하고 끝나는 불행한 삶을 사는 것입니다.

이 사실을 알고 있습니까?

* 이 세상 것들은 나를 끝까지 지킬 수 없습니다.
* 신앙을 잃어버리면 나의 마무리는 불행하기 짝이 없습니다.

2. 예수님은 시작과 끝이십니다.

예수님 없이 시작하는 것은 시작한 것이 아닙니다.

예수님 없는 마무리는 끝이 아니라 또 다른 불행의 시작입니다.

1) 예수님 중심으로 살아야 합니다.

먹든지 마시든지 무엇을 하든지 예수님 중심으로 사는 것이 알파요 오메가이신 예수님을 붙든 삶입니다.

2) 세상적인 것들을 끊으십시오.

예수님과 멀어지게 하는 세상 것들을 끊어내야 합니다.

그것이 무엇이든지 끊어야 합니다.

3) 예수님으로 시작한 자들은 반드시 영광스러운 끝을 누리게 됩니다. 예수님은 시작도 끝도 좋으신 하나님이십니다.

청중 결단

내 인생의 알파와 오메가는 누구입니까?
예수님 없는 내 인생은 말도 안 되고 글도 안 된다는 사실을 명심합시다!
예수님으로 하루의 시작과 마무리를 하십시오!

CHAPTER 05

밧모섬에서
계 1:9~11

> **요 한**
> 이제서야 요한은 자신에 대한 이야기를 꺼냈습니다. 그는 계시의 내용이 언제, 어디서, 어떻게 계시되었는지를 말합니다.

설교를 이끄는 관점

요한은 자신을 이렇게 소개합니다.

"나 요한은 너희 형제요 예수의 환난과 나라와 참음에 동참하는 자라"(9)

* 요한은 자신을 "너희 형제"라고 소개했습니다.
여기서 요한이 말하는 "너희 형제"란 어떤 의미입니까?
요한이 일곱 교회 성도들에게 형제라고 표현한 것은 아마도 같은 입장에 처했기 때문입니다.
* 또 한 가지 주목할 것은 "예수의 환난과 나라와 참음에 동참

하는 자라"는 말입니다.

이 요한의 이 말은 두 가지 의미에서 생각할 수 있습니다.
  ① 예수님 때문에 환난과 나라와 참음에 동참하고 있다는 것과
  ② 예수님이 주시는 힘으로 환난과 나라와 참음에 동참하고 잘 견디고 있다는 말입니다.

요한이 자신의 이야기를 꺼내는 진짜 이유는 무엇일까요?

하나님의 목적으로 해결

요한은 자신의 개인적인 이야기를 하려는 것이 아닙니다. 그가 계시록을 기록하게 된 사정을 밝힘으로 이 계시록이 요한 개인의 이름이 아닌 예수님의 계시 목적대로 받아들여지기를 원하고 있습니다.

요한은 하나님의 나라를 확장하는 일을 위하여 예수를 증거하다가 밧모섬에 갇힌 자였습니다(9절).

* 밧모(Patmos)섬은 밀레노에서 서남서 방향으로 약 60km 떨어진 돌이 많은 섬으로(길이 12.5km 폭 4km), 주로 죄수들을 유배 보냈던 곳이었습니다. 요한은 죄수로서 갇혔으나 그의 죄목은 예수를 증거한 죄였습니다.

1. 주의 날에 계시를 받았습니다(10절).

신약에서 주의 날(주일)이란 표현이 처음 등장합니다,
전에는 안식 후 첫날(마 28:1, 막 16:2, 눅 24:1, 요 20:1,19, 행 20:7), 매 주 첫날(고전 16:2)이란 표현이 사용되었습니다.

"주의 날"은 주님께 바쳐진 날로 예수님의 부활을 기념하며 모인 날입니다.

* 안식일의 대표적 학자인 사무엘레 바키오키(Samuelle Bacchiocchi)는 일요일의 기원이 유대교적인 요소와 이교적인 요소 그리고 기독교적인 요소의 상호작용에서 기인했다고 합니다. 그래서 안식일을 대신하여 주일을 지키는 것은 그리스도의 권위와 사도들의 권위, 초기 예루살렘 교회에서 발생한 것이 아니라 수십 년 후 아마도 로마교회에서 외부적인 환경들로 인하여 발생했다고 주장했습니다. 이는 신약의 세 구절(고전 16:2, 행 20:7~11, 계 1:10)을 무시해버린 비성경적인 견해입니다.

2. 계시를 받은 방법은 "성령에 감동되어"라고 했습니다(10절).

원문에 의하면 "성령 안에서 되었다"고 기록되어 있습니다.
"성령의 감동"이란 말은 잘못 해석하면 주관적인 경험을 내세울 수 있는 광범위한 말입니다. 요한은 자신의 의지로 어떤 것을 기록한 것이 아니라 전적으로 성령께서 인도하시는 대로 성령의 지배 안에서 모든 것이 진행되었음을 밝히고 있습니다.

3. 성령의 음성이 계시를 기록하게 된 이유였습니다(10~11절).

"너는 보는 것을 책에 기록하라"는 말씀은 성령께서 이 책을 기록해야 할 이유를 주신 것입니다. "일곱 교회에 보내라"는 것은 이 계시의 내용이 한 개인에게 주어진 것이 아니라 처음부터 아시아에 있던 일곱 교회에 주신 말씀이라는 의미입니다. 여기 나오는 일곱 교회는 당시 아시아에 실제로 존재하는 교회들이었습니다.

4. 계시록을 기록한 장소는 밧모섬입니다.

요한을 밧모섬에 가두어 두시고 오직 예수님께만 주목하게 하셔서 기록하게 하셨습니다. 그러므로 밧모섬은 육신으로는 제한된 장소였지만 영적으로는 천상세계, 영계를 체험하는 복된 장소였습니다.

청중 적용

사랑하는 여러분!

1. 하나님은 아무나 사용하시지 않습니다.

하나님의 특별한 사역을 위해서 구별된 자들을 사용하십니다.

지금 나는 하나님의 일에 쓰임 받는 자입니까?

만일 하나님의 일에 쓰임 받지 못하고 있다면 그 이유가 무엇인지 생각해 본 적 있습니까?

하나님께 쓰임 받는 일로 인해 잠시 고단하고 힘겨운 상황을 겪을지 모릅니다. 그래서 많은 성도들은 쓰임 받는 것을 원하지만 고난 겪는 것은 피하고 싶어합니다.

지금 나는 어떤 태도로 주님을 섬기고 있습니까?

2. 예수님을 위하여 환난을 견디고 주의 나라에 동참하는 자를 존귀하게 사용하십시오.

아무것도 하지 않는 자는 아무 일에도 쓰임 받지 못합니다.

1) 나를 사용하여 주의 일을 이루어 가시는 하나님께 감사합시다.

무엇을 위해서 쓰임 받는지 보다 하나님의 선택으로 쓰임 받을 수 있음을 먼저 감사합시다.

누가 나를 쓰느냐가 먼저입니다. 여기에 감사해야 하는 이유가 있습니다.

2) 나를 부르신 목적에 맞는 헌신을 합시다.

나를 그냥 부르신 것이 아니라 반드시 목적을 가지고 부르셨습니다. 목적대로 헌신하는 것이 사명대로 사는 삶입니다.

부르신 목적과 상관 없는 삶은 아무리 화려하고 대단해도 결과가 없습니다.

3) 하나님은 나를 통하여 온 땅에 주의 나라를 이루시기 원하십니다.

내가 보고, 듣고, 말하는 것을 사용하셔서 하나님의 나라를 이루어 가십니다.

청중 결단

모든 일과 충성은 교회를 위하여 합시다!

나는 교회를 위한 일꾼입니까?

교회를 위하는 일꾼이 되어야 합니다. 이것이 나를 쓰시려는 하나님의 이유입니다!

CHAPTER 06

인자 같은 이
계 1:12~16

> **인 자**
> 주의 날에 성령에 감동되어 하나님의 음성을 듣게 된 요한은 자신에게 말씀하시는 이를 알아보려고 몸을 돌렸습니다. 그때 요한의 눈에 일곱 금 촛대가 보였고 그 일곱 촛대 사이에 계시는 이를 보았습니다.

설교를 이끄는 관점

12절을 보면 요한이 일곱 금 촛대를 보았습니다.
요한이 본 이 일곱 금 촛대는 무엇을 의미할까요?

여기서 "촛대"라고 번역한 단어는 원래 "등대"를 의미합니다. 이스라엘 성막에는 일곱 등잔을 가진 한 개의 "등대"가 있었습니다(출 25:31~40, 40:24~25). 이 일곱 등대는 당시 실재했던 소아시아 일곱 교회를 의미합니다.

그런데 13절을 보면 "촛대 사이에 인자 같은 이"를 보았다고 합니다.

인자를 본 것인가요? 아니면 인자 같은 이, 인자를 닮은 다른 이를 보았다는 말인가요?

지금 성령님께서 요한의 눈을 열어 보여주십니다. 그런데 왜 정확한 표현을 하지 못하고 이런 애매한 표현을 한단 말입니까?

요한이 본 것은 정확히 무엇입니까?

하나님의 목적으로 해결

요한이 "인자 같은 이"라고 표현한 것은 요한의 눈에 보이는 그 분이 똑바로 볼 수 없었을 만큼 대단한 분이셨기 때문입니다.

그가 누구시기에 이런 체험을 했단 말입니까?

* 요한이 본 "인자 같은 이"는 바로 부활하신 예수 그리스도입니다.

부활하신 예수님은 우리와 같은 "사람" 곧 "인자(사람의 아들)"의 모습을 하고 계시지만 똑바로 볼 수 없을 만큼 영광스런 광채를 가지신 분이십니다. 그래서 요한은 부활하신 예수님, 영광 중에 계신 예수님을 여러 모습으로 체험했습니다.

1. 발에 끌리는 옷을 입으셨습니다(13절).

이 옷은 대제사장들이 입었던 권위와 위엄을 의미합니다(출

28:4, 29:5).

요한이 만난 예수님은 어떤 제사장들도 따라올 수 없는 최고의 권위와 위엄을 가지신 분이십니다.

2. 가슴에 금띠를 띠었습니다(13절).

당시 왕들은 가슴에 금띠를 둘렀습니다. 예수님은 만왕의 왕이시며 왕적 위엄을 가지신 분이십니다.

3. 그의 머리와 털의 희기가 흰 양털 같고 눈 같았습니다(14절).

이는 예수님께서 정결하시고 성결하신 분이심을 의미합니다(시 51:7, 사 1:18).

4. 그의 눈은 불꽃 같습니다(14절).

예수님은 영광 중에 계시지만 그 눈으로 땅의 모든 것을 감찰하십니다(계 2:18, 19:2, 단 10:6). 그분의 눈을 피할 자는 아무도 없습니다.

5. 그의 발은 풀무에 단련한 빛난 주석 같습니다(15절).

여기서 "주석"은 청동이나 놋쇠로 번역할 수 있습니다.

이는 그리스도의 굳건하시고 견고한 통치를 의미합니다(단 2:33, 41).

6. 그의 음성은 많은 물소리 같습니다(15절).

그는 우렁차고 장엄한 목소리로 말씀하십니다(겔 43:2).

그의 목소리는 많은 물소리 같지만 한꺼번에 쏟아지는 폭포 소리 같지 않으며 맑은 물소리처럼 다정하고 감미로운 소리입니다.

7. 요한은 더 중요한 것을 보았습니다. 그분의 오른손에 있던 일곱별입니다.

일곱 금 촛대들 사이에 계신 예수님의 손에 일곱 별이 있다니 무슨 말입니까?

요한이 본 "인자 같은 이"라는 말씀은 예수님께서 일곱 교회를 친히 다니시면서 그 교회들을 주관하신다는 의미입니다. 그의 오른손에 있는 일곱 별은 일곱 교회의 사자를 의미하는데(20절) 예수님께서 일곱 교회 사자들을 붙드시고 친히 교회를 이끌고 계심을 보여 주셨습니다.

1) 그의 입에서 좌우에 날선 검이 나옵니다(16절).

예수님은 일곱 교회를 말씀으로 이끄십니다. 일곱 사자들의 입에서 나오는 말씀을 날선 검같이 사용하셔서 성도들의 심령과 삶을 찔러 쪼개십니다.

회개를 일으켜서 바로 세우시고
회개하지 않는 자는 심판의 칼로 다스리십니다.

2) 그의 얼굴은 해같이 힘 있게 비추셨습니다(16절).

예수님의 역사(모습)는 교회를 통하여 해처럼 빛나게 나타내십니다.

청중 적용

사랑하는 여러분!

1. 지금도 예수님의 살아계신 모습이 나타나고 있습니다.

초대교회 성도들은 예수님께서 부활하시고 승천하셔서 더 이상은 자신들과 함께 하시지 않는다고 여겼습니다. 하지만 이런 그들의 생각이 잘못된 것임을 요한을 통하여 보여주셨습니다.

지금도 많은 그리스도인들이 천국에 계신 예수님으로만 생각하며 신앙합니다.
지금 내 삶의 현장과 거리가 먼 예수님으로 여깁니다.
지금 내 곁에 계시지 않는 예수님을 생각하며 신앙합니다.

지금 여러분의 신앙은 어떠합니까?

2. 지금도 예수님은 교회를 통하여 역사하십니다.

교회는 예수님이 24시간 떠나지 않으시고 거니시는 곳입니다.

1) 교회와 멀어지면 예수님과 멀어지는 것입니다.
교회 중심 신앙으로 예수님과 친밀하십시오.
교회는 예수님의 몸입니다. 교회와 멀어지면 예수님과 멀어지는 것은 당연합니다.

2) 예수님은 교회를 통해서 말씀하십니다.

말씀의 날선 검을 가지시고 매 주일 우리를 찾아오시는 예수님을 환영하십시오. 말씀의 은혜를 받지 못하는 것은 병든 것이며 예수님과의 사이에 문제가 생긴 것입니다.

3) 예수님은 교회를 통해서 우리의 모든 문제를 해결하십니다. 이는 예수님께서 나를 치유하시고 회복시키는 방법입니다. 지금 예수님은 빛나는 광채로 우리의 모든 것을 해결하십니다.

청중 결단

교회중심=예배중심=말씀중심의 신앙으로 365일 매 주일마다 예수님을 경험하십시오!

CHAPTER 07

네가 본 것은
계 1:17~20

> **두려워하지 말라**
>
> 성령께서 요한의 눈을 여셔서 계시록에 담아야 할 내용들을 보여주시던 중에 요한은 그 발 앞에 엎드러져 죽은 자같이 되었습니다(17절). 그가 이런 모습을 할 수밖에 없는 것은 그의 눈으로 보고도 믿을 수 없는 광경들이 나타나고 있었기 때문입니다. 요한이 두려움에 엎드러져 있을 때 이런 요한에게 찾아와서 오른손을 얹으며 "두려워하지 말라"는 음성이 있었습니다.

설교를 이끄는 관점

이런 상황에서 두려워하지 않을 자가 어디 있겠습니까!

지금 요한은 두려움의 정도를 넘어서 숨도 제대로 쉬지 못할 지경입니다. 이런 숨 막히는 순간을 태연히 버티거나 아무렇지도 않게 넘어갈 자는 한 사람도 없습니다.

이렇게 요한을 두렵게 한 것이 무엇입니까?

그는 무엇을 보았기에 두려워 엎드러지기까지 한 것일까요?

* 이런 두려움의 순간에 요한에게 오른손을 얹은 자가 있습니다.
* 그는 누구일까요?
* 그가 요한에게 두려워하지 말라고 하신 이유는 무엇입니까?
* 여러분 같으면 이런 순간에 두려워하지 않을 수 있습니까?

하나님의 목적으로 해결

요한이 죽은 자처럼 엎드려서 두려워할 수밖에 없었던 것은 그가 예수님을 뵈옵고 있기 때문입니다. 부활과 영광 중에 계신 예수님을 뵈옵고 그 앞에서 당당하고 떳떳할 자가 과연 누가 있단 말입니까!

이런 요한에게 예수님께서 '두려워 말라' 하신 이유는 19절에 있습니다.

"그러므로 네가 본 것과 지금 있는 일과 장차 될 일을 기록하라"(19)

그가 계시를 기록하여 교회와 성도들을 일으키고 지켜야 할 사명이 있기 때문입니다.

1. 네가 지금 본 것(17~18절).

예수님께서 누구신지를 본대로 기록하여 전해야 합니다.

"나는 처음이요 마지막이니"(17)

그가 본 예수님은 모든 역사의 시작과 마무리를 주관하시는 분이십니다.

"곧 살아 있는 자라"(18)

그가 본 예수님은 죽음이 주장할 수 없는 분이시며, 모든 것을 보고 기억하고 계시는 예수님이셨습니다.

"내가 전에 죽었었노라"(18절)

요한이 이전에 곁에서 보았던, 십자가에 죽으시고 부활하신 그 예수님이십니다.

"볼지어다 이제 세세토록 살아 있어"(18)

예수님에게 다시는 죽음이 없으며, 예수님 곁에 있는 자들도 세세토록 살아 있음을 보았습니다.

"사망과 음부의 열쇠를 가졌노니"(18절)

예수님은 개인의 죽음을 주관하시며, 지옥을 열고 닫으시는 권세를 가지고 계셨습니다.

2. 지금 있는 일

지금 일곱 교회와 성도들이 어떻게 믿음을 지키고 예수님을 섬기는지를 말합니다.

그리고 그 교회를 위해서 예수님께서 어떻게 역사하시는지를 기록하라 하셨습니다. 예수님은 과거를 잊지 않으시며, 현재를 살피시는 살아계신 하나님이심을 기록하게 하셨습니다.

3. 장차 할 일

현재 일곱 교회와 장차 일어날 교회들이 이 계시록을 통하여 어떻게 믿음을 지키고 인내할 것인지를 말합니다. 이는 계 4~22장까지 내용입니다.

* 여기서 "장차 일어날 일"에 대한 여러 견해들이 있습니다.

특히 6:1~19:11절 이후를 대환난 기간으로 보는 해석들이 있습니다. 19:11절 이후를 환난 후 재림 그리고 성도의 휴거가 있다고 보는 견해들을 조심해야 합니다. 이는 미래주의 학파 견해를 따르는 자들의 해석입니다.

장차 일어날 일들은 현재 이후에 일어나는 일 모두를 말합니다. 미래를 나타내는 원어적 의미를 잘못 해석하면 미래주의적 해석을 하게 됩니다.

예) 행 11:28에 보면 예루살렘의 선지자 아가보는 글라우디오 황제 때에 있을 흉년에 대해 "장차 큰 흉년이 있을 것"이라 예언했습니다.

요 7:39절에서는 오순절 날 이후에 받을 성령을 "그를 믿는 자들이 장차 받을 성령"이라 했습니다. 이처럼 "장차 될 일은" 현재 이후의 모든 일들을 나타내는 표현으로 꼭 마지막 종말을 가리키는 것은 아닙니다.

* 일곱 교회의 사자는 교회를 대표하는 지도자를 의미합니다. 단순히 지도자의 권세나 특별한 의미를 부여한다는 해석보다는 교회를 대표하는 지도자 또는 교회 전체를 의미하는 해석이 바른 견해입니다.

청중 적용

1. 우리 각 사람에게도 사명이 있습니다.

우리는 종종 사명의 내용보다는 사명의 겉모습에 관심이 많습니다. 무엇을 위해서 부름을 받았는지 보다 무슨 직분을 받았는지를 더 중요시 합니다.

* 많은 사람들이 어떤 일을 해야 되는지 보다 겉으로 보이는 직분에 관심이 더 많은 것은 문제입니다.

* 참 설명하기 힘든 것 중 하나는 교회 안에 있는 직분들이 마치 서열처럼 취급되고 있다는 점입니다. 그래서 직분자들이 계급장을 붙인 것처럼 직분을 의식하는데 이는 문제 중 문제입니다.

* 사도 요한이 다른 제자들보다 어떤 면에서 더 우월하고 특별해서 계시의 기록자로 선정된 것이 아닙니다. 그 누구라도

예수님께서 계시의 기록자로 사용하실 수 있습니다.

* 선택은 예수님의 주권이고, 사명자는 본질에 충실히 하는 것이 본분입니다.

2. 우리의 사명은 예수님을 증거하는 일입니다.

각 사람에게 주신 은혜의 분량에 따라서 이미 일어난 일과 현재 있는 일과 장차 나타날 일에 대하여 증거해야 합니다.

1) 내가 만난 예수님을 증거해야 합니다.
내가 보고, 느끼고, 체험한 예수님을 증거할 때 확신 있게 복음을 증거할 수 있습니다.
내가 만난 예수님을 증거하는 것이 나에게 주신 사명입니다.

2) 지금 우리 안에 역사하시는 예수님을 증거해야 합니다.
지금 교회를 통하여 역사하시는 살아계신 예수님을 보여주는 것이 우리의 사명입니다.
현재 우리 안에 동행하시며 역사하시는 예수님을 증거하는 것이 복음 증거입니다.

3) 예수님 없는 자들이 장차 당할 일들을 증거해야 합니다.
사망과 음부의 열쇠를 가지신 예수님을 증거함으로 불신자들에게 장차 있을 일들을 대비하게 해야 합니다.

청중 결단

두려워하지 마십시오!

주님을 증거하는 사명자에게 주님의 손이 함께 하십니다!

주님의 오른손이 언제나 증거자의 모든 것을 붙잡고 계십니다!

Revelation

Revelation
요한계시록

PART_2
2~3장

Revelation

CHAPTER 08

처음 사랑

계 2:1~7

> **처 음 사 랑**
>
> 에베소는 사도행전에 자주 등장하던 지역으로 사도바울이 애착을 가지고 목회했던 곳으로 유명합니다. 에베소서는 사도바울이 에베소 교인들을 생각하면서 로마감옥에서 특별히 보낸 편지이기도 합니다.
> 아시아 일곱 교회 중 에베소 교회가 첫 번째 등장한 것을 보면 이 편지의 기록자인 사도 요한도 에베소 교회에 대한 관심이 남다른 듯합니다.

설교를 이끄는 관점

이런 사도 요한의 관심은 에베소 교회를 향한 책망과 염려로 나타났습니다.

"그러나 너를 책망할 것이 있나니 너의 처음 사랑을 버렸느니라"(4)

여기서 "너를 책망할 것이 있나니"란 말은 에베소 교회 교인들 한 사람 한 사람을 향하여 꾸지람을 한다, 야단을 친다는 의미입니다. 사도 요한이 에베소 교회 성도 한 사람도 빠짐없이 책망하고 있다는 말입니다.

이들을 책망한 이유는 "너의 처음 사랑을 버렸기" 때문입니다. 무슨 큰 잘못이나 범죄를 저지른 것이 아니라 사랑이 식어서 책망을 합니다. 살다보면 사랑이나 행복 같은 감정들은 식거나 변할 수 있습니다. 어쩌면 자연스런 현상일 수도 있는데 이렇게 공개적으로 야단을 맞아야 할 만한 일일까요?

처음 사랑이 식었다고 야단을 맞아야 한다면 우리 중에 야단 맞지 않을 자가 얼마나 될까요?
여러분은 처음 사랑을 그대로 유지하고 있습니까!

* 여기서 말하는 처음 사랑이란 어떤 사랑을 말하는 것일까요? 누구와의 처음 사랑을 말하는지 정확하지 않습니다.
* 에베소 교인들은 어쩌다 처음 사랑을 잃어버려 이런 책망을 받을까요?
* 이들은 처음 사랑을 회복할 수 있을까요?

하나님의 목적으로 해결

여기서 말하는 처음 사랑이란 바울을 통해 복음 받았을 때의 열심 있는 사랑을 의미합니다. 이들은 처음에 복음을 받고 하나님을 향한 사랑으로 가득했습니다. 형제에 대한 사랑도 넘쳐났습니다. 그런데 지금 이들은 변했습니다.

에베소 교인들을 진단하신 분은 예수님이십니다.

"오른손에 있는 일곱 별을 붙잡고 일곱 금 촛대 사이를 거니시는 이가 이르시되"(1)

예수님께서 직접 에베소 교회를 거니시면서 한 사람 한 사람을 주목하신 결과 이들 안에 처음 가졌던 그 사랑은 어디론가 없어졌음을 아셨습니다. 그리고 지금은 차갑게 식어버리고 냉랭한 기운만이 교회 안에 가득한 것도 아셨습니다.

이들이 처음 사랑을 잃어버린 이유가 무엇일까요?
무엇이 이들의 처음 사랑을 빼앗아갔단 말입니까!

* 2절과 3절 그리고 6절은 에베소 교인들이 처음 사랑을 잃어버린 이유입니다.

에베소 교회에 잘못된 신앙을 가진 자들이 침투했습니다.
이들은 성도들을 미혹해서 올바른 신앙에서 탈선하게 했습니다. 그래서 이런 자들, 즉 이단을 분별하고 배척하기 위해 교회가 일어났습니다.
온 성도들이 이단을 경계하고 분별하느라 교회 안에 들어온 사람들을 의심하고 시험하고 대항하여 싸우다보니 형제에 대한 사랑이 약해지고 열정도 식어버렸습니다.

1. 그러므로 어디서 믿음이 떨어졌는지를 생각해야 합니다 (5절).

언제부터 형제를 경계하고 비난하고 의심했는지를 곰곰이 생각해서 원인을 밝혀야 합니다. 문제의 근본적인 원인을 찾아서 치유와 회복의 길을 준비하라는 말씀입니다,

2. 치유와 회복의 시작은 회개입니다.

여기서 말하는 회개는 형제에 대한 잘못을 깨닫고 서로 잘못된 부분을 고치려는 적극적인 태도를 요구하는 음성입니다. 서로 죄를 고하고 서로 용서하는 것이 치유와 회복의 길입니다.

3. 다시 처음 사랑을 나누어야 합니다.

복음을 처음 받았을 때 가졌던 감격으로 하나님을 사랑하고 형제를 사랑하는 열심을 나타내야 합니다. 사랑은 나눔과 실천입니다. 이 처음 사랑이 교회의 본질입니다.

4. 귀 있는 자는 성령이 교회를 통해 하시는 말씀을 아멘으로 받아들여야 합니다.

교회가 처음 사랑을 잃어버리면 더 이상 예수님이 거하실 수 없는 곳이 됩니다. 더 이상 교회와 관계하실 수 없습니다. 그러므로 반드시 아멘하고 처음 사랑을 회복하기 위한 치유 과정을 진행해야 합니다. 예수님은 치유되고 회복된 그 교회를 통하여 천국 문을 열어주십니다. 그 교회 성도들이 하나님 나라에 들어가

서 생명나무의 열매를 먹고 영생하는 복을 누립니다.

청중 적용

사랑하는 여러분!

1. 지금은 우리 교회의 모습을 진단할 때입니다.

지금 우리 교회는 무엇을 가장 중요하게 여기고 있습니까?

예수님이 바라보시는 우리 교회는 처음 사랑을 여전히 유지하고 있을까요?

* 나는 처음 사랑으로 예수님과 성도들을 향하여 열심을 내고 있습니까!
  지금 나의 관심과 열심의 대상은 무엇입니까?

* 처음 사랑이 식어버린 자들이 적지 않습니다.
  시간이 지나면서 형식과 껍데기만 가진 신앙인들이 늘어나고 있습니다. 입으로 사랑을 말하지만 실천하지 않는 자들도 많습니다.
  예수님과 주변 성도들에게 전혀 관심이 없는 자들도 있습니다.

지금 예수님께서 나와 우리 교회를 심방하신다면 어떤 말씀을 하실까요?

2. 처음 사랑을 잃었다면 큰일입니다! 심각한 상태입니다.

더 이상 이대로 방치해서는 안 됩니다!

예수님의 책망을 듣고도 그대로 있다면 예수님의 교회도 자녀도 아닙니다!

이제는 처음 사랑을 일으켜야 합니다!

3. 처음 사랑은 사랑의 감정을 회복하는 것이 아닙니다. 예수님을 회복하는 것입니다.

예수님을 다시 한 번 점검하는 시간입니다.

1) 예수님과의 관계를 점검하십시오!

지금 예수님은 어디에 계십니까!

나와 예수님은 어떤 관계를 유지하고 있습니까!

예수님을 생각하고 헌신하는 정도는 얼마나 됩니까!

2) 처음 사랑은 형제 앞으로 다가가는 사랑입니다.

처음 사랑의 감격과 열심이 예수님 사랑, 교회 사랑 그리고 형제 사랑으로 나타납니다. 형제의 눈에 있는 티만 보는 것은 사랑이 식은 증거입니다. 우리는 누구라도 정죄하고 비난할 수 있습니다. 그러나 무조건 예수님의 사랑으로 사랑하는 것만이 우리가 해야 할 일입니다.

3) 하나님은 처음 사랑을 통해서 우리 교회를 진단하십니다.

처음 사랑이 우리 교회를 진단하시고 복 주시는 기준입니다.

우리 교회도, 나도 처음 사랑으로 복을 받습니다.

청중 결단

내가 먼저 다가가는 것이 처음 사랑입니다.

처음 사랑을 회복하고 그동안 가까이 하지 못했던 형제와 자매들에게 먼저 다가갑시다!

CHAPTER 09

수고와 인내를

계 2:1~7

> **알 고**
> 에베소 교회를 향한 예수님의 칭찬이 쏟아지고 있습니다.
> 2절에 "내가 네 행위와 수고와 네 인내를 알고"라고 하십니다.
> 예수님께서 에베소교인들을 직접 적극적으로 칭찬하시는 음성입니다.
> 예수님께서 에베소 교회 성도들을 이토록 칭찬하시는 이유는 무엇일까요?

설교를 이끄는 관점

예수님께서 에베소 교회 성도들을 알고 계신다는 말을 여러 번 반복하고 있습니다.

* 2절에 "알고"
* 3절에 "아노라"
* 6절에 "오직 네게 이것이 있으니", "나도 이것을 미워하노라"

이는 마치 곁에 있는 동료나 친구를 다독이며 격려하듯이 예수님의 따뜻하고 부드러운 음성이 에베소 교회 안에 가득하게 퍼지고 있음을 의미합니다.

예수님은 에베소 교인들의 무엇을 알고 계시며, 에베소 교인들이 미워하는 것을 예수님도 미워하신다고 하시는데 예수님께서 이렇게 노골적으로 미워하신다는 말을 하셔도 되는 것입니까!

무엇 때문에 에베소 교회가 예수님으로부터 이런 대단한 칭찬과 격려를 받는 것일까요? 혹시 여러분은 알고 있습니까?

하나님의 목적으로 해결

에베소 교회가 예수님께 칭찬을 받은 핵심은,
한마디로 거짓과 이단의 무리들을 잘 막아냈기 때문입니다.

에베소 교회 안에 침투한 여러 이단 세력들이 교회를 어지럽히고 있었습니다.

"내가 네 행위와 수고와 네 인내를 알고 또 악한 자들을 용납하지 아니한 것과 자칭 사도라 하되 아닌 자들을 시험하여 그의 거짓된 것을 네가 드러낸 것과"(2)
"네가 니골라 당의 행위를 미워하는도다"(6)

* 이레네우스에 의하면, 이 니골라(NICholaos)는 유대교에 입

교했다가 초대교회 일곱 집사 중 하나로 선출된 안디옥 사람 니골라(행 6:5)로서 나중에 타락하여 이단이 된 자입니다. 이들은 에베소 교회 뿐만 아니라 버가모에도 들어와서 성도들을 미혹하여 구약의 발람 선지자처럼 성도들을 꾀어서 우상의 제물을 먹게 하고 행음하게 하였다고 합니다(계 2:14~15).

이런 이단들과 대항하여 싸우고 교회를 지키었으니 칭찬받아 마땅했습니다.
예수님은 에베소 교인들이 거짓의 무리들을 막아낸 사실을 아시고 칭찬하셨습니다.

에베소 교회는 이단들과 싸우기 위해서

1. 악한 자들을 용납하지 않았습니다(2절).

여기서 악한 자들은 타락한 신앙인들로 성도들의 신앙을 어지럽히는 세력들입니다. 이들이 누구인지 교회가 알고 교회 안에 침투하지 못하도록 철저하게 경계했습니다.

2. 거짓 선지자, 지도자들을 색출했습니다(2절).

진리를 가장하여 성도들을 꾀어서 늑탈해 가려는 삯꾼들과 거짓교사들을 적극적으로 색출했습니다. 선지자와 지도자라는 가면을 쓰고 교인들을 미혹하는 세력들을 막아냈습니다. 이들의 행위와 속임수를 드러내기 위해서 담대히 이들과 맞서서 시험하여 그들의 거짓을 드러냈습니다.

3. 이단들과 싸우고 교회를 지키기 위해서 올바른 신앙을 사수했습니다(3절).

이들은 오직 예수님의 이름을 붙잡고 싸웠습니다. 에베소 교인들이 이단을 막아낼 수 있었던 가장 큰 힘은 바로 예수님을 놓지 않았기 때문입니다. 어떤 시련과 어려움이 와도 예수님을 붙잡고 이겨냈으며 게으르지 않고 부지런히 깨어서 진리를 지키고 교회를 지켰습니다.

4. 이런 에베소 교회의 모든 것을 아시고 예수님은 그들과 함께 해주셨습니다(6절).

에베소 교회가 이단과 싸우는 것은 당연한 일입니다. 예수님은 그 심정을 누구보다도 잘 아십니다. 예수님은 교회를 지키려는 자들을 응원하십니다.

그 중심을 아시고 예수님도 그들과 함께 하십니다.

예수님은 우리 교회들이 어떻게 진리를 지키고 거짓과 이단들을 막아내는지를 보시고 계십니다. 예수님은 진리와 싸우는 교회를 응원하십니다!

청중 적용

사랑하는 여러분!

1. 지금 우리 주변에는 너무도 많은 거짓 무리들이 있습니다.

신앙의 가면을 쓴 이단의 무리들이 아우성치고 있습니다. 지금은 교회가 가만히 있어서는 안 되는 때입니다. 교회를 무너뜨리는 세력들이 노골적으로 다가오고 있기 때문입니다. 이들을 지켜만 본다면 거센 도전 앞에서 가만히 있는 교회들은 무너질 수밖에 없습니다.

  * 우리 주변에 있는 니골라당들입니다.
   우리는 이들을 알고 싸워야 합니다.
   1) 신천지
   2) 하나님의교회
   3) 안식일 예수 재림교
   4) 여호와의 증인
   5) 통일교
   6) 문화회관 이름으로 포장된 남묘호렌게쿄(SGI, Soka Gakka:International) 국제창가학회
   7) JMS(정명석)
   8) 기타 많은 이단들을 경계하고 대항해야 합니다.

2. 교회를 지키고 보호하는 일은 예수님께 칭찬 받는 일입니다.

예수님은 이 일을 보시려고 교회들 사이를 거니시고 계십니다.

1) 거짓 이단들을 색출해야 합니다.
　교회 안과 밖에 거짓과 이단의 세력들이 침투하지 못하도록 철저하게 경계하고 조금이라도 문제가 있다면 낱낱이 드러내어 대적해야 합니다. 이단은 사랑과 자비의 대상이 아닙니다. 이들은 교회를 무너뜨리는 사탄의 무리들이며 대적해야 할 대상입니다.

2) 함께 수고와 인내를 계속해야 합니다.

교회를 지키고 보호하는 일은 대단한 수고와 노력이 요구되는 일입니다. 자원하는 심령으로 모든 성도들이 함께 수고하며 끝까지 인내하여 물리쳐야 합니다.

수고하지 않으면 가라지가 득세하여 결국은 사탄이 왕 노릇 하게 됩니다. 함께 이들을 막아내야 합니다.

3) 예수님은 이단과 싸우는 교회들과 함께 하십니다.

"나도 이것을 미워하노라"(6). 거짓의 무리들을 대적하는 일에 동참하고 계시는 예수님의 응원입니다.

청중 결단

서로 격려하며 진리 위에서 든든히 서가는 교회를 세워갑시다! 온 교우들이 교회를 지키고 이단과 거짓 세력들이 발붙이지 못하도록 싸워야 합니다!

"이기는 그에게는 내가 하나님의 낙원에 있는 생명나무의 과실을 주어 먹게 하리라"(7)

이기는 자는 믿음 지키기 위해서 싸운 자들입니다!(계 22:2~14, 요일 4:4, 5:4)

CHAPTER 10

죽도록 충성하라

계 2:8~11

충 성

서머나 교회의 상황이 9절에 잘 나타나있습니다.
"네 환난과 궁핍을 알거니와."
여기서 환난이란 외부로부터 가해지는 고통과 어려움을 말합니다. 당시 로마황제로부터 거센 핍박을 받고 있던 서머나 교회 성도들은 이리저리 쫓겨다니며 숨을 곳을 찾아야 했습니다. 이런 지경에 무슨 먹을 것과 마실 것 그리고 입을 것을 챙겨 다녔겠습니까! 당연히 그들은 궁핍할 수밖에 없습니다.
예수님은 서머나 교회 성도들의 이런 상황을 안다고 하시면서 10절에 "네가 죽도록 충성하라"고 하십니다.

설교를 이끄는 관점

이런 서머나 교회의 상황을 아신다고 하시면서 죽도록 충성하라는 말씀은 이들의 처지와 형편을 무시하는 말씀입니다. 어찌 이런 잔혹한 말씀을 하실 수 있습니까!

지금 서머나 교회 형편을 아신다면 "죽도록 충성하라"는 말을 하시면 안 됩니다!

지금은 환난과 핍박을 피해서 잠시 숨거나 피해 있어야 할 상황입니다. 이런 상황에서 죽도록 충성하라는 말은 차라리 죽으라는 말과 다르지 않습니다.

* 이는 현실을 무시하고 외면하는 말씀입니다.
* 힘들게 신앙을 지키려는 서머나 교인들의 마음에 상처를 주는 말씀입니다.
* 소나기는 피하고 보는 것이 상식입니다. 지금은 충성할 때가 아닙니다.

예수님께서는 왜 이렇게 심한 요구를 하셨을까요?

하나님의 목적으로 해결

예수님은 서머나 교회와 성도들을 너무도 아끼고 사랑하십니다.

예수님의 "죽도록 충성하라"는 말씀은 현실을 외면하고 성도들을 사지로 몰아넣기 위해 하신 말씀이 아닙니다.

"네가 죽도록 충성하라"(10)

이는 서머나 교회들을 향하신 예수님의 격려와 칭찬입니다.

환난과 궁핍 가운데서도 흔들리지 않는 믿음으로 교회를 지키는 서머나 교회와 성도들을 향하여 박수치시는 예수님의 응원입니다.

너무도 충성스런 성도들이기에 조금만 더 힘을 내라는 음성입니다.

진심으로 아끼고 사랑하시는 간절한 음성입니다.

예수님께서는 말로만 충성하라고 하신 것이 아닙니다!

1. 예수님께서 먼저 죽도록 충성하셨습니다(8절).

"죽었다가 살아나신 이가"(8)

이는 예수님께서 죽도록 충성하신 내용입니다.

예수님은 십자가를 지실 때 끝까지, 죽도록 하나님 아버지께 충성하신 분입니다. 그래서 예수님은 누구보다도 서머나 교회 성도들의 심정을 잘 알고 계십니다.

먼저 죽도록 충성하신 예수님의 격려는 힘이 될 수밖에 없습니다.

2. 궁핍을 채우신다고 약속하셨습니다.

"내가 네 환난과 궁핍을 알거니와 실상은 네가 부요한 자니라"(9)

예수님은 죽도록 충성하는 자가 어떻게 사는지 외면하시지 않습니다. 죽도록 충성하기 위해서 그들이 포기하고 버려야 했던 모든 것을 알고 계십니다. 예수님께서 알고 계심은 채우시겠다는 약속입니다.

그래서 예수님은 "실상은 네가 부요한 자라" 하셨습니다. 예수님께서 그들의 궁핍을 부요로 바꾸어주실 것이기 때문입니다. 그러므로 죽도록 충성하는 자는 삶의 염려와 걱정이 없습니다.

3. 십 일 동안만 죽도록 충성하면 됩니다.

죽도록 충성하라는 말씀은 죽을 때까지 충성하고 죽으라는 말씀이 아닙니다.

신앙을 위협하고 생명을 위기에 빠뜨리는 고난이 있지만 그 고난은 반드시 끝이 있습니다.

"너희가 십 일 동안 환난을 받으리라"(10)

여기서 말하는 "십 일"은 환난과 고난의 정체가 곧 물러가리라는 말씀입니다. 그러므로 잠시 받는 고난 때문에 죽도록 충성하지 못하는 자가 없어야 합니다. 십 일 동안만 참고 견디면 됩니다.

4. 죽도록 충성하는 자에게는 복이 있습니다.

"내가 생명의 관을 네게 주리라"(10)

예수님께서 직접 죽도록 충성한 자 한 사람 한 사람에게 생명의 면류관, 즉 모든 것을 회복시키시고 이제는 더 이상 죽도록 충성할 필요가 없는 복을 모두가 보는 데서 수여하십니다. 오직 죽도록 충성한 자만이 받을 수 있는 복입니다.

청중 적용

사랑하는 여러분!

1. 나는 죽도록 충성하는 자입니까!

사실 죽도록 충성하라는 말을 듣는 순간부터 부담스러운 것이 사실입니다. 꼭 죽도록 충성해야 신앙생활 하는 것이라는 부담이 숨 막히게 합니다.

특히 직분 가진 자들은 이런 말씀을 들을 때마다 어디라도 숨고 싶은 심정입니다. 이유는 죽도록 충성하지 못하고 있는 것이 우리의 현실이기 때문입니다.

* 죽도록 충성하지 못하는 핑계들

1) 현실을 외면할 수 없다고 합니다.
눈앞에 보이는 현실적인 문제들이 충성하기 힘들게 한다고 합니다.
예) 생계, 일, 돌봐야 할 가족 등.

2) 여러 가지 한계를 극복하기 어렵다고 합니다.
도저히 시간을 낼 수 없다, 몸이 약해서 따라주지 않는다, 혼자서는 감당하기 어렵다 등 여러 가지 이유를 들며 어렵다고 합니다.

3) 죽도록 충성하는 것은 특별한 신앙을 가진 자만이 할 수 있다고 합니다.

나는 그럴만한 믿음이 안 된다, 나는 그럴만한 직분자도 아니라고 말합니다.

* 언제까지 이런 핑계를 대면서 충성하지 않을 것입니까!

이는 충성하지 않으려는 자들의 핑계입니다. 충성하려는 자는 어떤 상황도 문제 삼지 않습니다.

2. 우리도 죽도록 충성해 봅시다!

죽을 때까지 충성하라는 말씀이 아닙니다! 최선을 다하여 신앙하라는 말씀입니다.

지금도 잘하고 있지만 좀 더 힘을 내보자는 말씀입니다!

1) 믿음을 지키는 것이 죽도록 충성하는 삶입니다.

어떤 상황에서도 믿음을 저버리지 않는 것이 죽도록 충성하는 자의 삶입니다.

믿음으로 행하지 않는 것은 살아 있으나 죽은 자의 신앙입니다.

믿음을 지키고 믿음으로 행동하십시오!

예수님은 믿음으로 사는 나를 죽도록 충성하는 자로 여기십니다!

2) 눈앞에 보이는 현실과 타협하지 마세요!

사탄은 눈앞에 보이는 현실들을 이유로 죽도록 충성하지 못하게 합니다. 그래서 환난과 궁핍을 통하여 우리의 신앙을 위협합니다.

이때 우리는 정신을 차리고 부요하게 하시는 예수님을 바라보아야 죽도록 충성하고 부요한 자로 복을 누리게 됩니다.

3) 죽도록 충성하는 자는 둘째 사망의 해를 받지 않습니다.

여기서 "둘째 사망의 해"는 죽도록 충성하지 못하고 신앙을 저버린 자들이 받는 형벌의 장소입니다. 죽도록 충성하는 자에게는 해 같이 빛나는 영광이 기다립니다.

청중 결단

교회의 본질, 사명의 본질을 지키는 일에 죽도록 충성합시다.
교회다운 교회, 성도다운 성도가 되는 일에 죽도록 충성합시다!

CHAPTER 11

부요한 자들
계 2:8~11

> **부요한 자**
> 서머나 교회에 대한 기록들이 거의 없습니다.
> 서머나 교회를 찾아오신 예수님은 서머나 교회를 칭찬하셨습니다. 예수님께서 칭찬하는 내용이 9절에 있습니다!
> "내가 네 환난과 궁핍을 알거니와 실상은 네가 부요한 자니라."

설교를 이끄는 관점

아무리 읽어봐도 앞뒤가 잘 맞지 않는 말씀입니다.
지금 서머나 교회는 거센 핍박으로 인하여 무서운 환난을 겪고 있습니다.

로마 황제들이 그리스도인이란 이유만으로 상상할 수 없는 고문과 형벌로 핍박했습니다. 수많은 그리스도인들이 짐승에게 찢기고, 불태움을 당하고, 칼에 쓰러져갔습니다.

예수님도 이 사실을 알고 계시기에 "네 환난"을 안다고 하셨습니다. 여기서 말하는 환난이란, 죽음을 위협하는 세력들로 인한 핍박과 위험들을 알고 있다는 말입니다.

이 환난으로 인하여 많은 그리스도인들은 집에서 쫓겨났고 이리저리 도망다니는 신세가 되었습니다. 제대로 입지도 못하고 먹지도 못했던 그들은 누가 보아도 가난한 거지들이었습니다.

예수님도 이들을 보셨습니다. 그래서 "네 궁핍"을 알고 있다고 하셨습니다. 여기서 궁핍이란, 배고픔과 헐벗음을 의미하는 말입니다.
그런데 어째서 이들이 부요한 자라는 것입니까!

누가 보아도 이들은 부요한 자가 아닙니다!
쫓기는 자요, 거지요, 가난하고 버려진 자입니다. 이들을 부요하다고 하는 것은 이들의 삶을 조롱하고 비웃는 소리입니다.

왜 주님은 이들을 부요한 자라고 했을까요?

하나님의 목적으로 해결

예수님께서 이들을 부요하다고 하신 것은 물질적인 풍요와 풍족을 의미하지 않습니다. 그렇다고 이들이 전혀 풍족하고 부요한 자가 될 수 없다는 말도 아닙니다.

예수께서 이들을 부요하다 하신 것은 세상 사람들이 볼 때는 가난하고 헐벗은 자이지만 예수님의 눈에는, 예수님의 심정으로는 이들이 가장 부요한 자로 여겨졌습니다. 그 이유는 이들이 예수님의 모든 마음을 빼앗아갔기 때문입니다. 예수님께서 그들을 가득 채우고 계셨기 때문입니다. 그래서 이들은 누구보다도 예수님을 가장 많이 소유한 부자였습니다.

서머나 교회는 예수님으로 채워진 부요한 교회였습니다.
서머나 교회는 예수님으로 배부른 교회였습니다.
예수님은 서머나 교회 성도들을 위하여 모든 것을 채워주실 준비를 끝내신 분입니다.

1. 예수님은 처음부터 끝까지 서머나 교회의 모든 것을 알고 계십니다(8절).

서머나 교회 성도들이 어떤 신앙과 삶으로 환난을 이기고 세상을 이기는지 전부를 알고 계십니다. 예수님의 눈과 귀를 속일 수 없습니다. 그 분은 겉모습만 아시는 것이 아니라 실상=전부=내용까지 아시는 분이십니다.

2. 예수님은 부활의 능력으로 함께 하셨습니다(8절).

환난과 핍박 가운데 있는 서머나 교회 성도들에게 "죽었다 살아나신 이"의 모습으로 찾아오신 것은 부활의 예수님을 보면서 그들이 끝까지 믿음을 지키고 모든 것을 이겨내도록 하시기 위함입니다. 또한 그들에게 부활의 능력을 주셔서 모든 환난에서 이기는 자로 만들어 주셨습니다.

3. 진짜와 가짜를 아십니다(9절).

예수님은 서머나 교회 안에 있는 진짜와 가짜를 알고 계십니다. 겉으로는 유대인처럼, 신앙인처럼 행동하지만 그 안에 사탄의 무리들이 득실거리는 자들을 알고 계십니다. 서머나 교회 성도들의 뼛속까지 들여다보시는 예수님을 속일 수는 없습니다.

4. 예수님은 충성하는 자를 위하여 상급을 준비하고 계십니다.

"너희가 십 일 동안 환난을 받으리라"(10)

여기서 말하는 "십 일"이란 기간을 말씀하신 것은 이들이 당하는 환난이 그리 길지 않다는 상징적 표현입니다. 그래서 예수님은 이기는 자를, 끝까지 충성하고 믿음을 지킨 자들을 위하여 면류관을 들고 찾아오셨습니다.

청중 적용

사랑하는 여러분!

1. 우리 주변에도 가난한 교회와 부요한 교회가 있습니다.

우리의 눈에 보이는 가난과 부요의 차이는 말로 표현할 수 없을 정도입니다.
이런 교회의 모습을 보시는 예수님의 시선은 어떠실까요?

우리 교회는 가난한 교회입니까! 부요한 교회입니까!
우리 교회를 바라보시는 예수님의 평가는 어떠실까요?

사람이 많아 보이고, 헌금도 충분히 충당이 되고 보기에 아름다운 예배당의 모습을 갖추고 있기에 부요한 자라고 하실까요?

2. 교회는 건물이 아닙니다!

교회는 우리 교회가 예수님을 신앙하는 내용입니다.

예수님의 눈은 교회당을 바라보시는 것이 아니라 우리 각 사람이 예수님을 신앙하는 신앙 내용을 주목하십니다.

예수님의 눈에 보이는 우리 교회는 어떠할까요?

3. 예수님으로 부요한 교회운동을 해야 합니다!

지금 우리는 예수님보다 다른 것으로 채우려는 노력들을 열심히 하고 있습니다.

1) 예수님으로 채워지지 않는 교회는 가난하고 궁핍하고 불쌍한 교회입니다.

세상 모든 것으로 채워진 교회가 예수님으로 채워진 교회를 이길 수 없기 때문입니다.

예수님 외에 다른 것을 채우려는 교회는 불쌍한 교회입니다.

2) 예수님으로 채우려고 부요하려면 믿음으로 세상을 이겨내야 합니다.

환난은 세상 것을 이겨내려는 자들이 예수님을 채우는 과정입니다.

예수님으로 채우려는 노력이 강할수록 환난과 핍박도 거세게 다가옵니다.

3) 예수님은 우리 교회와 성도들의 모든 신앙 과정을 낱낱이 알고 계십니다.

예수님은 예수님으로 부요하려는 교회와 성도들에게 부활의 능력으로 함께 하십니다.

죽도록 충성해야 합니다! 예수님은 그것만을 보십니다!

청중 결단

9절 말씀대로 진짜 교회, 진짜 성도가 됩시다!

CHAPTER 12 · **그리하지 아니하면**

계 2:12~17

> **책 망**
>
> 버가모 교회가 위치한 지역은 양피지와 도서관이 유명한 곳입니다. 이 두 가지가 유명하다는 것은 경제와 학문이 공존을 이루고 있다는 이야기입니다. 예수님은 버가모 교회를 찾아오셔서 무서운 얼굴로 책망하셨습니다.

설교를 이끄는 관점

"그러나 네게 두어 가지 책망할 것이 있나니"(14)

여기서 "책망"이란 노골적인 질책과 꾸지람입니다. 한마디로 예수님께서 화가 나셨습니다. 예수님께서 버가모 교회를 향하여 이렇게 화를 내시는 이유가 무엇일까요?

16절을 보면 예수님의 책망을 듣고 회개하지 않고 바로 고치지 않으면 "내가 네게 속히 가서 내 입의 검으로 그들과 싸우리라"고 하셨습니다.

얼마나 무서운 말씀입니까!
예수님의 책망을 듣지 않으면 예수님의 입에서 칼이 나와서 그들을 가만두지 않으리라 하십니다. 예수님의 책망을 가볍게 듣고 그대로 있다가는 칼을 들고 오시는 예수님을 피할 수 없으리라 경고하셨습니다.

도대체 무슨 잘못을 저질렀기에 이렇게 무서운 말씀을 하시는 것일까요?
버가모 교회의 문제는 무엇입니까?

하나님의 목적으로 해결

교회 안에 침투한 거짓 세력들을 용납했기 때문입니다.
버가모 교회 안에 두 가지 거짓 세력들이 있었습니다.

1. 발람의 교훈을 지키는 자들입니다.

발람은 구약에 나오는(민 25장) 거짓 선지자로 이스라엘 백성들을 꾀어서 우상의 제물을 먹게 하고 행음하게 한 자입니다.
지금 버가모 교회 안에도 발람의 교훈을 지키는 무리들이 있습니다. 그리스도인임에도 불구하고 우상숭배에 가담하고 우상 제물을 먹으며 온갖 더러운 일들을 일삼는 자들이 있습니다.
예수님은 이들을 용납하고 따르는 무리들을 향하여 책망하셨습니다.

2. 니골라당의 교훈을 지키는 자들입니다.

여기서 말하는 니골라당은 에베소 교회에 나타난 이단들과 같은 무리입니다. 이들은 타협주의자들입니다. 우상의 제물은 아무것도 아니라며 자연스럽게 믿는 자들을 미혹하여 음행에 빠뜨렸습니다.

예수님은 이들을 따르는 자들을 무섭게 책망하셨습니다.

3. 버가모 교회가 이들을 용납한 것은 분별력을 잃었기 때문입니다.

발람을 따르는 자와 니골라당의 무리들은 밖에서 들어온 자들이 아닙니다. 버가모 교회 안에 있던 무리들입니다. 이들 중 몇 사람이 미혹되어 소리 없이 또 다른 믿음의 사람들을 넘어지게 했습니다. 평소 서로 믿고 지내던 자들이 전하는 거짓 교훈을 분별하지 못했기에 일어난 결과였습니다.

4. 버가모 교회가 살 길은 회개입니다.

여기서 회개란 잘못을 뉘우치고 바로 세우는 일을 의미합니다. 발람과 니골라당의 세력들을 쫓아내고, 그들에게 유혹된 자들은 철저하게 회개하고 바른 믿음으로 다시 일어나야 합니다. 한마디로 청소하는 것이 회개입니다. 더러운 쓰레기들을 치우고 더럽혀진 부분들을 닦아내야 바로 설 수 있습니다.

5. 버가모 교회가 이런 거짓 세력들을 이겨내면 복을 주십

니다.

감추었던 만나=지금까지 중단되었던 은혜들을 다시 부어 주십니다.

새 이름이 기록된 흰 돌=하나님의 자녀 된 새 이름을 예수님의 심장에 새겨서 영원히 기억하십시오. 발람의 교훈을 따르는 자들과 니골라당의 무리들은 이곳에 그 이름을 영원히 새길 수 없습니다.

청중 적용

사랑하는 여러분!

1. 지금 우리 교회 안을 둘러봐야 할 때입니다!

사탄은 온갖 수단과 방법을 가리지 않고 교회 안에 침투하여 우리를 무너뜨리려고 합니다. 사탄의 교회를 향한 공격은 어제 오늘의 일이 아닙니다. 우리는 사탄의 계략을 바로 알아야 합니다.

* 사탄은 가까이 있는 자들을 이용합니다.
* 사탄은 곁에 있는 자들을 미혹하기 위해서 감정과 체면, 할 수 있는 모든 것을 앞세웁니다.
* 사탄의 목적은 우리를 예수님으로부터 끊어내어 무너뜨리고 망하게 하려는 것입니다.

이들의 처음은 달콤하지만 끝은 처절한 멸망입니다.

한 번 이들의 계략에 속으면 빠져 나오는 것은 정말 힘들고 어렵습니다.

믿음 없는 자들이 무너지는 것이 아니라 소위 믿음이 있다고 자랑하던 자들이 무너집니다. 아무도 자신해서는 안 됩니다!

2. 지금은 분별해야 할 때입니다!

발람과 니골라당의 무리들이 내 곁에 있기 때문입니다.

이들의 존재가 쉽게 드러나지 않습니다. 철저하게 분별해서 몰아내야 합니다.

1) 하나님은 정상적인 교회를 통해서 일하십니다.

하나님이 세우신 건전하고 바른 교회 외에는 구원도, 은혜도, 아무것도 없습니다. 교회 중심의 신앙을 해야 합니다.

교회를 함부로 말하거나, 교회의 약점을 들추어내는 자들을 조심해야 합니다. 어느 교회도 완전하지 않습니다. 그래서 날마다 주님의 모습을 닮아가려고 노력합니다.

2) 타협하면 안 됩니다.

사탄은 적당히, 이것도 하고 저것도 해야 한다고 유혹합니다. 하나님의 방법과 세상의 방법이 혼합하면 그것이 사탄의 온상입니다. 신앙은 타협으로 무너집니다.

세상의 방법을 버려야 합니다. 오직 믿음, 오직 성경만이 살 길입니다.

3) 이기는 자만이 감추어진 은혜와 복을 누리게 됩니다.

예수님은 신앙을 지키고 사탄의 무리들을 이겨낸 자들을 위해서 큰 복을 준비하고 계십니다.

청중 결단

사람 조심, 이단 조심을 생활화 합시다!
불편한 이야기처럼 들릴 수 있을지 모르지만 가까운 사람들을 무조건 믿고 따르는 것이 어떨 때는 신앙적으로 문제가 될 수 있음을 알아야 합니다.
교회를 벗어나는 신앙적 모임이나 성경공부 등은 반드시 목회자에게 알려야 합니다.

CHAPTER 13

나를 믿는 믿음

계 2:12~17

> **믿음**
>
> 버가모 교회를 찾아오신 예수님은 좌우에 날선 검을 가지셨습니다. 이런 예수님의 모습은 상상만 해도 무섭고 두렵습니다. 그런데 13절을 보면 이런 무서운 모습으로 버가모 교회를 찾아오신 예수님께서 버가모 교회 성도들을 칭찬하셨습니다.

설교를 이끄는 관점

"나를 믿는 믿음을 저버리지 아니하였도다"(13)

이는 버가모 교회 성도들이 예수님을 확실히 믿고 있다는 칭찬입니다.

또 하나는 버가모 교인들이 예수님을 믿는 확실한 믿음으로 예수님의 기대를 저버리지 않았다는 칭찬입니다.

그런데 13절 앞부분을 다시 한 번 살펴보겠습니다.

"네가 어디서 사는지를 내가 아노니 거기는 사탄의 권좌가 있는 데라" (13)

지금 버가모 교회 성도들이 상당한 신앙적 어려움을 겪고 있음을 알 수 있습니다. 버가모 교회 성도들이 겪는 신앙적 어려움이 얼마나 대단했던지 예수님께서 버가모 교회 성도들이 당하는 핍박의 현장을 "사탄의 권좌"가 있는 곳이라 말씀하셨습니다.

여기서 말하는 "사탄의 권좌"는 사탄이 자리를 잡고 앉아서 휘두르는 자리라는 의미입니다. 상상만 해도 사탄의 권세와 그로 인한 환난의 정도가 얼마나 끔찍한지를 알 수 있습니다. 이런 사탄의 권세가 난리를 치는 곳에서 믿음을 지키는 일은 정말로 어려운 일입니다.

도대체 이들은 이런 곳에서 어떻게 예수님의 칭찬을 받는 교회와 성도들이 되었을까요?

만일 우리가 이런 사탄의 권세 아래서 혹독한 핍박과 고난을 당한다면 우리도 믿음을 지키고 칭찬 받을 수 있겠습니까?

하나님의 목적으로 해결

버가모 교인들이 사탄의 권좌가 있는 현실적 상황에서 믿음을 지키고 예수님의 칭찬을 받을 수 있었던 것은 순교자들의 신앙을 따랐기 때문입니다.

앞선 신앙의 지도자들이 순교적 신앙으로 믿음을 저버리지 않았기에 그를 따르는 버가모 교인들도 순교적 신앙으로 믿음을 저버리지 않기 위해 생명을 바쳐서 신앙을 지켰습니다.

* 순교자의 신앙을 따라서 순교적 신앙을 지킨 버가모 교회와 성도들은 예수님의 칭찬을 받기에 충분했습니다.

1. 버가모 교회에는 충성된 증인, 순교자 안디바가 있었습니다.

여기에 등장하는 안디바(Antipas)가 누구인지는 정확히 알 수 없습니다.

그는 예수님을 향한 믿음을 지키기 위해서 죽임을 당했습니다.

전해 내려오는 이야기에 의하면, 안디바는 1세기 말 도미티아누스 황제 때 놋으로 만든 황소 모양의 솥에 얹혀서 서서히 죽임을 당했다고 합니다.

이런 끔찍한 광경은 모두가 지켜보는 곳에서 공개적으로 이루어졌습니다.

버가모 교회 성도들은 안디바의 이런 순교적 신앙을 보면서 믿음을 지키기로 다짐했습니다.

2. 버가모 교회 성도들은 믿음을 지키기 위해서 오직 예수님만 바라보았습니다.

"나를 믿는 믿음을 저버리지 아니하였도다"(13)

이는 버가모 교회 성도들이 예수님을 기쁘시게 하려는 살아 있는 믿음으로 사탄의 공격들을 이겨냈다는 증거입니다. 버가모 교회 성도들이 오직 예수님만을 바라보지 않았다면 절대로 사탄의 강력한 권세를 이겨내지 못했을 것입니다.

예수님에 대한 순교적 믿음으로 예수님의 기대를 무너뜨리지 않았습니다.

3. 버가모 교회 성도들은 순교적 신앙으로 교회 안에 있는 사탄의 세력들도 몰아내야 했습니다.

버가모 교회 성도들은 외부로부터 공격당했을 때는 잘 견디고 믿음을 지켰습니다. 하지만 교회 안에 침투한 거짓 세력들은 제대로 막아내지 못했습니다. 외부의 세력들에게 집중하는 동안 내부에 스며든 사탄의 세력들을 놓쳤습니다.

1) 발람의 교훈을 따라서 우상숭배 제물을 먹고 행음한 자들과
2) 니골라당의 세력들을 용납하여 역시 우상제물과 거짓된 신앙을 조성한 자들을 청소하지 못했습니다.

이제 이들을 제대로 제거하고 예수님이 주목하시는 대상, 더욱더 칭찬받는 교회로 나아가야 합니다.
1) 동참한 자들을 찾아서 회개하게 해야 합니다.
2) 스스로 제거하지 않으면 예수님께서 직접 싸우셔서 모두에게 상상할 수 없는 결과로 나타날 것입니다.

청중 적용

사랑하는 여러분!

1. 교회들이 무너지고 있습니다!

교회당, 건물이 문제가 있다는 말이 아닙니다. 교회 안에 순교적 신앙을 가진 자들이 점점 줄어들고 있습니다.

세상의 힘과 권력은 점점 더 강해져갑니다. 사탄이 권좌, 사탄이 교회 안과 밖에 자리를 잡고서 제대로 교회와 성도들을 무너뜨리려고 온갖 무기들을 만들어내고 있습니다.

* 동성애
* 차별금지법
* 종교인 과세
* 노골적인 이단들의 공격들
* 교회 안에 침투한 거짓과 노골적인 이단의 세력들

이대로 가다가는 무슨 일이 일어날지 아무도 모릅니다.
교회의 내일이 그리 밝지만은 않습니다!

지금 우리 교회와 나는 어떤 신앙의 모습입니까!
순교적 신앙으로 무장하고 순교적 신앙으로 이들과 싸우고 있습니까!

2. 지금 우리가 순교적 신앙으로 교회를 지키지 않으면 우리의 자녀들이 더 이상 교회에 남아있기 어렵습니다!

내일 하나님의 자녀들이 복음 안에서 복된 삶을 살게 하려면 지금 우리가 사탄의 세력들과 싸워서 이겨내야 합니다.

1) 믿음의 본을 보여주십시오!
미래 세대인 믿음의 자녀들에게 신앙의 모델이 되어주십시오!
순교적 신앙이 무엇인지를 보여주어야 우리의 후손들도 믿음을 지키고 교회를 지켜낼 수 있습니다. 지금 우리 주변에는 순교자가 없습니다! 순교적 신앙으로 사는 자들이 많지 않습니다!

2) 교회를 지켜야 합니다!
믿음의 눈을 떠서 사탄이 교회 안에 자리를 잡지 못하도록 믿음의 눈으로 철저하게 경계하고 조금이라도 이상이 있으면 즉시 바로 잡아야 합니다.
외부의 공격보다 내부의 공격에 더 정신을 차리고 막아야 합니다.

3) 이기는 교회와 성도들은 영과 육의 필요한 모든 것을 하나님께서 책임져주십니다.
"감추인 만나" → 순교적 신앙으로 교회를 지키는 자들에게 공급하시기 위하여 준비하신 복입니다. 채우심의 복입니다.

청중 결단

교회를 섬기며 앞서가는 지도자들, 목사, 장로, 권사, 집사들은 순교자적 신앙을 보여주어야 할 책임을 가진 자들입니다. 믿고 따를 수 있도록 앞선 자들이 먼저 신앙 관리를 철저히 하고 변하지 않는 신앙생활로 모든 성도들이 뒤따르게 합시다!

* 예배
* 언어
* 분명한 태도

CHAPTER 14

불꽃같은 눈으로
계 2:18~29

이세벨(행음)

당시 두아디라 지역은 매우 발전된 도시 중 하나였습니다. 특별히 상업이 번창하여 상인들끼리 조합을 결성하고 경제발전을 위한 여러 일들을 함께 했습니다.
이 도시 안에 두아디라 교회가 있습니다. 예수님은 이 두아디라 교회에 "눈이 불꽃같고 그 발이 빛난 주석과 같은 하나님의 아들이 이르시되"(18)라는 이런 모습으로 찾아왔습니다. 예수님은 불꽃같은 눈을 가지고 두아디라 교회를 찾아오셨습니다.

설교를 이끄는 관점

왜 예수님은 이렇게 무서운 눈을 가지시고 두아디라 교회를 찾아오셨을까요?
"그 눈이 불꽃과 같다"는 말은 모든 것을 하나도 놓치지 않고 다 살피시는 분이심을 의미합니다.

두아디라 교회가 무엇을 숨기거나 감추고 있어서 그것을 찾아내시려고 불꽃같은 눈으로 찾아오신 것일까요? 불꽃같은 눈을 가지시고 두루 살피시는 예수님의 모습을 상상해 보십시오! 얼마나 무섭고 두렵습니까!

또한 예수님은 "그 발이 빛난 주석과 같은 하나님의 아들"의 음성으로 말씀하셨습니다. "그 발이 빛난 주석 같다"는 것은 그의 통치와 지배가 아주 견고하다는 의미로서 여기서 "주석"은 "청동"으로 번역할 수 있습니다.

두아디라 교회를 찾아오신 예수님은 하나님의 아들로서 강력한 지배력과 통치력을 가지신 예수님이셨습니다. 평소 인자하시고 부드러운 모습의 예수님이 아니라 아주 강한 예수님, 감히 그 누구도 똑바로 쳐다볼 수 없을 만큼 절대적 위엄을 가지신 예수님으로 찾아오셨습니다.

여러분은 이런 예수님의 모습이 상상이 되십니까!

불꽃같은 눈과 강하신 하나님의 아들의 모습으로 두아디라 교회를 찾아오신 예수님을 두아디라 교회는 어떻게 받아들였을까요?

왜 예수님은 이런 모습으로 두아디라 교회를 찾아오셨을까요?

하나님의 목적으로 해결

예수님께서 두아디라 교회를 이렇게 찾아오신 이유가 20~23

절에 있습니다.

한마디로 두아디라 교회를 책망하고 야단치시기 위해서입니다.

불꽃같은 눈으로 두아디라 교회의 모든 것을 살피신 예수님은 두아디라 교회를 책망하지 않을 수 없었습니다.

1. 두아디라 교회가 책망 받아야 할 이유(20절)

두아디라 교회 안에 거짓 선지자라 하는 이세벨을 용납하여 성도들을 범죄에 빠지게 했기 때문입니다.

1) 여기 등장하는 이세벨이라는 여선지자는 정확히 누구인지 알 수 없으나 구약 아합의 아내 이세벨처럼 우상숭배와 행음으로 성도들을 미혹하고 죄악에 빠트렸기에 붙여진 이름입니다.

2) 거짓 선지자 이세벨을 색출하여 쫓아내지 않음으로 두아디라 교회 안에 우상제물을 먹고 우상숭배에 참여하고 행음하는 자들이 계속 늘어나고 있었습니다.

3) 이 거짓 선지자들의 무리가 교회 안에서 심지어 "내 종들을 가르쳐 꾀어" 노골적으로 거짓 교훈을 퍼트리고 성도들을 미혹하도록 방치했습니다. 이것은 예수님의 책망을 피할 수 없었습니다.

2. 예수님은 두아디라 교회 안에 있는 거짓 선지자들이 회개하도록 기회를 주셨습니다(21절).

하지만 이들은 이 기회를 저버렸기에 책망을 받아야 했습니다. 예수님은 죄에 대하여 단호하고 무서운 분이시지만 죄인에 대하여 오래 참으시며 기다리시는 분입니다.

예수님의 자비와 긍휼을 알지 못하고 예수님이 주신 기회를 저버리고 계속해서 행음하고 우상숭배와 제물을 먹는 죄악을 반복하고 있었기에 더 이상 두고 볼 수 없으셔서 직접 책망하러 찾아오셨습니다.

3. 두아디라 교회 안에 있는 거짓 선지자와 그를 따르는 자들이 받을 진노와 심판입니다(22~23절).

예수님은 말로만 경고하시는 분이 아닙니다.

예수님이 주신 기회를 저버린 자는 반드시 심판의 결과를 피할 수 없습니다.

1) 예수님은 거짓 선지자와 그를 따르며 행음한 자들을 "침상"에 던지십니다. 여기서 말하는 침상이란 포근한 침대가 아닙니다. 질병으로 인한 병상입니다. 진노의 침상입니다.

하나님의 진노는 그들의 육신을 병들게 하셨습니다.

2) 그래도 회개하지 않으면 "큰 환난"을 겪게 됩니다.

여기서 환난이란 영과 육의 심각한 고통과 어려움 그리고 경제적인 곤란을 겪게 되는 것을 말합니다.

3) 더욱 끔찍한 것은 "또 내가 사망으로 그의 자녀를 죽이리니"라며 범죄에 가담한 자들의 자녀들을 심판하신다고 합니다.

이들의 자녀들이 더 이상 아무런 소망을 가질 수 없도록 사망으로 그들을 심판하십니다. "내가 너희 각 사람의 행위대로 갚아

주리라" 하십니다. 불꽃같은 눈으로 지켜보신 예수님은 각 사람의 행위대로 반드시 심판하십니다.

청중 적용

사랑하는 여러분!

1. 예수님은 지금 이 순간에도 우리 교회들을 불꽃같은 눈으로 살펴보고 계십니다!

하지만 많은 사람들은 이 사실을 전혀 느끼지 못하며 살고 있습니다. 더 나아가 예수님을 무시하고 멸시하는 행동을 아무런 죄의식 없이 행하고 있습니다.

이는 불신자를 두고 하는 말이 아닙니다!
우리 교회와 신자들이 예수님의 살아계심과 살피심을 누누이 듣고 알고 있음에도 두아디라 교회 성도들처럼 하지 말아야 할 것과 먹지 말아야 할 것들에 대한 경계심이 사라졌음을 의미합니다.

두아디라 교회를 향한 책망은 이 시대 우리를 향하신 책망입니다.
지금 예수님은 이런 우리의 모습을 아시고 두아디라 교회를 통하여 경고하고 계십니다. 이는 이 시대의 교회들이 두아디라 교회의 모습을 보면서 회개하고 다시 일어설 수 있는 기회를 주고 계심을 명심해야 합니다.

2. 교회 안에 거짓의 무리들이 주장하지 못하도록 해야 합니다.

교회가 무너지는 것은 내가 무너지는 것입니다. 우리도 예수님처럼 불꽃같은 눈으로 교회 안과 밖을 살펴야 합니다.

1) 잘못된 것들을 찾아서 버려야 합니다.
* 우상=예수님 외에 다른 곳에 시선을 돌리거나 먹고 살기 위해서 신앙 양심을 저버리는 행위를 회개해야 합니다.
* 행음=죄에서 헤어 나오지 못하게 하는 습관들을 끊어야 합니다. 반복적으로 나를 죄에 빠트리는 것은 음행이 반복되는 것과 다르지 않습니다.
* 우상제물=신자들이 먹지 말아야 할 것들을 구별하고 실천해야 합니다. 버릴 것을 버리고 끊을 것을 끊어야 주님이 함께 하십니다.

2) 내가 살아야 자녀의 내일이 열립니다.
우리의 범죄로 자녀들이 무너지는 것은 있을 수 없는 일입니다. 내가 내 자녀를 살리고 내일을 여는 통로입니다. 예수님은 이 시대의 교회들이 자녀들을 살리는 일에 앞장서기를 원하십니다.

3) 오늘도 내일도 불꽃같은 눈으로 우리를 살피시는 예수님을 잊지 마십시오!
24시간 365일, 그분의 눈을 피할 수 있는 자는 아무도 없습니다.
내가 예수님을 잊고 있는 그 시간에도 예수님은 나를 불꽃같은 눈으로 살피심을 기억하십시오!

청중 결단

"내가 너희 각 사람의 행위대로 갚아 주리라"(23)

예수님의 눈에 좋은 것을 보여드립시다!
복 받을 일을 행함으로 복으로 갚아주시는 결과를 누립시다.

CHAPTER 15

있는 것을 굳게 잡으라!

계 2:18~29

> **이 교훈을 받지 아니하고**
>
> 두아디라 교회를 향하여 불꽃같은 눈으로 책망하시던 예수님의 모습은 어디론가 사라졌습니다. 두아디라 교회를 찾아오신 예수님의 또 다른 모습이 나타납니다. 예수님은 두아디라 교회를 향하여 따뜻하고 포근한 음성으로 말씀하셨습니다.

설교를 이끄는 관점

"다만 너희에게 있는 것을 내가 올 때까지 굳게 잡으라"(25)

예수님은 두아디라 교회 성도들에게 무엇인가를 굳게 잡으라고 하셨습니다.

두아디라 교회 안에 무엇이 있기에 너희 안에 있는 것을 굳게 잡으라고 하실까요?

예수님께서는 그들이 붙잡아야 할 것이 무엇인지 알고 계셨습니다. 그런데 그것을 정확하게 말씀하시지 않고 다만 너희에게 있는 것을 굳게 잡으라고만 하셨습니다.

두아디라 교회가 붙잡아야 할 것은 무엇일까요?

"내가 올 때까지" 붙잡고 있으라 하셨습니다.
그런데 예수님이 언제 오실지는 정확히 말씀하지 않았습니다. 그렇다면 무작정, 언제까지 그 무엇인가를 마냥 붙잡고 있으라는 말씀입니다.
두아디라 교회와 성도들은 예수님의 말씀대로 붙잡을 수 있을까요?

생각해 보십시오!
이미 예수님은 두아디라 교회를 찾아오셨습니다. 그런데 "내가 올 때까지"란 예수님께서 벌써 다녀가셨고 다시 오신다는 말씀입니까?

두아디라 교회가 굳게 붙잡아야 할 것이 무엇이기에 이런 복잡한 말씀을 하시는지 여러분은 이해가 되십니까!

하나님의 목적으로 해결

두아디라 교회 안에 예수님의 말씀대로 "너희 안에 있는 것을" 굳게 잡고 지킨 자들이 있었습니다.

"두아디라에 남아있어 이 교훈을 받지 아니하고 소위 사탄의 깊은 것을 알지 못하는 너희에게 말하노니 다른 짐으로 너희에게 지울 것은 없노라"(24)

두아디라 교회 안에서 굳게 붙잡고 지킨 것은 믿음의 정절입니다. 이들은 사탄의 깊은 것들을 알지 아니하고, 사탄과 관계하지 아니하고 그들의 가르침과 유혹에 넘어가지 아니한 자들입니다. 예수님은 이들이 붙잡고 있는 것을 계속 붙잡고 믿음을 지키라고 말씀하셨습니다.

1. 이들은 사탄의 깊은 것을 알지 못하는 자들입니다.

거짓 선지자들과 사탄의 무리들이 두아디라 교회를 유혹하기 위해서 사용한 수법 중 하나가 "사탄의 깊은 것"입니다. 이들은 자신들만이 "깊은 진리"를 알고 있으며 다른 사람들이 알지 못하는 깊은 것들을 자신들만이 가지고 있다고 유혹했습니다.

이들은 보편적 진리를 가르치지 아니하고 자신들만이 알고 믿고 있다는 것만을 가르쳤습니다. 이는 진리가 아니라 성도들을 무너뜨리기 위한 사탄의 계략, 전략임을 명심해야 합니다.

2. 이들은 소수의 무리였습니다.

"두아디라에 남아 있어." 모든 사람들이 이세벨과 사탄의 깊은 것에 빠져서 믿음을 저버릴 때, 이들은 믿음 가지고 이들의 거짓 가르침과 유혹을 피하여 외롭게 신앙하던 자들입니다. 다수의 거짓 무리들 앞에서 소수의 신앙인들은 아무런 힘도 쓸 수 없었지만 이들은 끝까지 믿음을 지키고 진리를 배신하지 않았습니다.

3. 예수님은 이들을 아시고 칭찬과 격려 그리고 상 주실 것을 약속했습니다.

1) 다른 짐으로 너희에게 지울 것은 없노라.
"다른 짐"이란 더 이상의 다른 환난이나 핍박, 시련이 다가오지 못하도록 이들을 환난과 위험에서 건져주실 것을 약속하셨습니다.

2) 내가 올 때까지 굳게 잡으라.
이들이 지킨 믿음과 행실을 예수님께서 다시 오실 때까지 교회가 지켜야 할 신앙임을 증거하셨습니다. 예수님은 이들을 상 주시기 위해서 반드시 다시 오십니다.

3) 만국을 다스리는 권세를 주시리니.
이는 예수님의 권세로 세상을 다스리고 정복하는 권세를 주신다는 약속입니다. 이 믿음을 가진 자마다 세상을 이기고 복음으로 만국을 다스리는 복을 누리게 됩니다.

4) 그가 철장을 가지고 그들을 다스려 질그릇 깨뜨리는 것과 같이 하리라.
거짓의 세력들이, 사탄의 깊은 것을 따랐던 자들이 마치 질그릇이 깨뜨려지는 것처럼 무너지는 순간을 보여주신다는 약속입니다. 악의 세력들은 강해 보이지만 질그릇에 불과합니다. 믿음의 사람들은 질그릇처럼 보이지만 철장처럼 강합니다.

5) 그에게 새벽 별을 주리라.

주님의 영광을 그들에게도 나누어 줄 것임을 약속하셨습니다. 주님처럼 빛나는 영광을 누릴 자들은 신앙의 정절을 지킨 자들입니다.

청중 적용

사랑하는 여러분!

1. 지금 우리 주변에도 사탄의 깊은 것으로 미혹하려는 자들이 넘쳐나고 있습니다.

거짓의 무리들은 자신의 가르침을 "깊은 것들"이라고 주장합니다. 자기들의 가르침만이 "깊은 진리와 심오한 깨우침"이라고 주장합니다.

* 모든 사탄의 무리들은 같은 주장을 합니다.
* 이 깊은 곳으로 미혹하려고 온갖 수단과 방법을 다하고 있습니다.
* 자신들에 비하여 바른 교회의 가르침은 너무도 단순하고 허술하다고 합니다.
* "가르침", 즉 교육을 통해서 세뇌하려는 것이 사탄의 목적입니다.
* 이들은 영혼 구원, 삶의 변화된 복, 미래에 대한 비전 등은 전혀 언급하지 않고 현실적인 한 가지 문제만을 고집스럽게 물고 늘어지며 그것만이 전부인 것처럼 떠듭니다.

* 예수님에 대한 그 어떤 신앙과 헌신도 강조하지 않으며 특정한 사람이나 특정한 행위만을 반복적으로 강요합니다.

2. 믿음의 정절을 지켜야 합니다.

예수님은 두아디라 교회 안에 있던 "남아있던 무리"에게 찾아오셨습니다.

지금도 예수님은 이런 믿음의 무리들을 찾아오십니다.

1) 예수님은 우리의 모든 것을 알고 계십니다.

"내가 네 사업과 사랑과 믿음과 섬김과 인내를 아노니"(19)

예수님은 우리의 모든 것을 아십니다. 누구도, 그 무엇으로도 주님을 속일 수 없습니다. 신앙의 중심을 바로 해야 합니다.

예수님만 바라보고 신앙해야 합니다.

예수님께서 보시기에 불편한 신앙과 삶은 사탄의 표적이 됩니다.

2) 믿음으로 사는 자에게 다른 짐을 벗겨주십니다.

믿음으로 사는 자들은 사탄의 권세를 이기도록 힘과 능력을 주십니다. 예수님의 권세가 그와 함께 합니다. 그 어떤 사탄의 권세도 믿음의 사람들을 어찌할 수 없습니다!

3) 하나님은 우리가 사는 동안 사탄의 무리들이 질그릇처럼 무너지는 것을 보게 하십니다.

잠시동안 사탄의 무리들이 득세하는 것처럼 보일지라도 낙심하지 말아야 합니다. 이제 곧 그들은 질그릇 깨어지듯 부서지게 됩니다. 사탄의 무리들은 반드시 망할 수밖에 없습니다.

청중 결단

"네 나중 행위가 처음 것보다 많도다"(19)

시간이 갈수록 더 인정받고 쓰임 받는 교회와 성도가 됩시다!
점점 더 진리 위에 굳게 서고 믿음으로 악의 세력들을 이기는 살아 있는 신앙인으로 살아갑시다!
시간이 갈수록 성장하는 신앙만이 사탄의 권세를 이길 수 있습니다. 제자리 걸음하는 신앙은 사탄의 표적이 될 수 있습니다.
신앙 성장을 위해서 몸부림해야 합니다!

CHAPTER 16

그 옷을 더럽히지 않은 자들

계 3:1~6

> **그 옷을**
>
> 사데 교회 성도들을 향한 또 다른 예수님의 시선이 나타납니다.
> 조금 전까지만 해도 살아 있으나 죽은 자들이라고 야단치시던 예수님의 모습이 아닙니다.
> 4절 "그러나 사데에 그 옷을 더럽히지 아니한 자 몇 명이 네게 있어."

설교를 이끄는 관점

사데 안에 옷을 더럽히지 아니한 자들이 예수님의 시선을 사로잡았습니다. 여기서 그 옷을 더럽히지 아니한 자들 몇 명이 있다고 하셨는데 정확히 그들은 누구입니까?

이들은 어떤 옷을 입고 있었고, 누가 그 옷을 더럽히려고 했습니까?

이들은 어떻게 그 옷을 더럽히지 않고 예수님의 칭찬을 받을 수 있었을까요?

하나님의 목적으로 해결

사데 안에 그 옷을 더럽히지 아니한 자들은 교회 안에 침투한 죄의 세력들과 싸워서 믿음을 지킨 자들입니다.

죄의 세력들과 타협하지 않고 오직 믿음으로 신앙을 사수한 자들입니다.

1. 이들은 깨어서 그 남은 바를 굳게 지킨 자들입니다(2절).

사데 교회 안으로 죄의 세력들이 거세게 밀려 왔지만 신앙을 지키고 믿음으로 살아가려고 작정한 남은 자들이 있었습니다.

그 옷을 더럽히지 아니한 자들은 사데 교회 안에 깨어서 남아 있던 소수의 영적 파수꾼들입니다.

이들은 사데 교회의 희망이며 예수님의 관심 대상입니다.

2. 이들은 살아 있는 자들이었습니다(4절).

예수님께서 이들과 함께 하시겠다고 하신 것은 이들이 예수님께 합당한 자들이었기 때문입니다.

모든 자들이 살아 있으나 죽은 자 같았지만 이들만은 진짜로 살아 있는 자들이었습니다. 이들이 살아 있다는 말은 예수님과의 관계가 끊어지지 않았다는 말입니다. 그래서 예수님도 이 사데 교회를 끝까지 놓지 않으셨습니다.

3. 예수님은 이들에게 상을 주십니다(4~5절).

그 옷을 더럽히지 아니한 자들에게 주시는 상과 복이 엄청납니다.

1) 예수님께서 그들과 함께 하시는 임마누엘의 복입니다.
2) 그 이름을 생명책에 기록하시고 영원히 기억하시는 복입니다.
3) 그 이름을 아버지와 천사들 앞에서 시인하시며 자랑하시는 복입니다.

청중 적용

사랑하는 여러분!

1. 신앙을 지키는 일이 쉽지 않은 때를 살고 있습니다.

거대한 세상 물결은 교회를 향하여 쉴 새 없이 밀려들고 있습니다.

이런 세상 물결에 그 옷을 더럽힌 자들이 있습니다.

1) 어쩔 수 없는 현상이라고 합니다.
2) 세상과 분리되어서 살 수 없다고 합니다.
3) 이제는 받아들여야 한다고 합니다.

그 옷을 더럽히는 자들의 이런 합리적인 외침들이 교회 안과 밖에서 넘쳐나고 있습니다.

2. 예수님의 시선은 오직 신앙을 지킨 자들에게만 향하십니다.

그 옷을 더럽히지 아니한 자들만이 예수님의 주목 대상입니다.
예수님의 눈에는 이들만 보입니다.

1) 믿음을 지키십시오.
믿음은 불신앙과의 단절을 의미합니다.
믿음은 타협과의 단절을 의미합니다.
믿음은 다수의 힘을 가진 불신세력과의 결별을 의미합니다.

2) 더럽히지 않으려면, 계속해서 깨끗한 상태를 유지하려면 자주 세탁해야 합니다. 더럽혀지는 것이 문제가 아니라 세탁해서 깨끗하게 하려는 노력과 의지가 없는 것이 더 큰 문제입니다.

회개는 더럽혀진 옷을 세탁하는 것입니다.
회개는 더럽혀지지 않은 상태를 유지하려는 몸부림입니다.
회개하는 자는 그 옷을 더럽히지 아니하려고 믿음을 지키는 자입니다.

3) 하나님은 그 옷을 더럽히지 아니한 승리자에게 상과 복을 주십니다.
반드시 그 옷을 더럽히지 아니하고 흰 옷을 입고 다니는 자에게만 주시는 복입니다.

청중 결단

신앙의 방심은 돌이킬 수 없는 결과를 초래할 수 있습니다.

매 순간 깨어서 자신의 현재 신앙을 살피는 노력이 필요한 때입니다.

사데 교회는 방심과 방종으로 망했습니다.

지금 일깨워 그 남은 자들과 함께 하면서 예수님이 주목하시는 교회 운동을 합시다.

CHAPTER 17

살아 있으나 죽은 자

계 3:1~6

> **살아 있으나 죽은 자**
>
> 사데 교회가 위치한 사데 지역은 당시 매우 번창한 도시였습니다. 소아시아 지역 중 가장 부를 누리는 도시였습니다. 금화와 은화를 주조할 만큼 금이나 은이 많았고 염색 기술의 발견으로 백성들의 옷이 화려하고 도시 곳곳에는 넘쳐나는 먹거리들로 흥청거렸습니다.
> 사데 교회를 찾아오신 예수님은 입을 여시자마자 호되게 책망하셨습니다.
> 1절 "내가 네 행위를 아노니 네가 살았다 하는 이름은 가졌으나 죽은 자로다."

설교를 이끄는 관점

한마디로 예수님의 눈에 비친 사데 교회는 죽은 송장과 같았습니다.

당시 사데 교회는 넘쳐나는 재물과 온갖 장식으로 교회의 안과 밖이 너무도 멋지고 아름다웠습니다. 누가 보아도 이런 사데 교회의 모습은 살아 있는 교회였습니다.

그런데 왜 예수님은 이런 사데 교회가 살아 있다는 이름 뿐, 죽은 교회라고 말씀하셨을까요?

예수님의 이런 책망을 들은 사데 교회 성도들은 어떤 반응을 했을까요?
정말 자신들이 살아 있는 모습만 가졌을 뿐 실상은 죽은 자들이라는 예수님의 책망을 그대로 받아들였을까요?

만일 누군가 우리 교회와 우리들을 향하여 살아 있는 것처럼 보이지만 실상은 죽은 자들이라고 말한다면 어떻게 하시겠습니까?

하나님의 목적으로 해결

예수님의 진단은 거짓이 아닙니다.
사데 교회를 찾아오신 예수님은 하나님의 일곱 영과 일곱 별을 가지셨습니다.
이는 교회를 주관하고 살피시는 살아계신 하나님의 모습입니다.
예수님은 성령님과 함께 각 교회를 한 순간도 놓치지 않고 살피시는 분이십니다.

그러므로 예수님의 진단은 정확하시며 책망은 이유가 있으십니다.

사데 교회가 살아 있으나 죽은 자라는 예수님의 책망을 듣게 된 이유는 2절에 있습니다.

"내 하나님 앞에 네 행위의 온전한 것을 찾지 못하였노니"(2)

사데 교회 성도들은 외적으로 살아 있다는 이름을 가지고 예배도 드리고 각종 모임과 행사를 가졌지만 영적으로는 신앙의 생명력을 잃어버린 죽은 자와 같았습니다.

1. 그들은 하나님을 전혀 의식하지 않았습니다.

"내 하나님 앞에서"(2)

그들은 신자들이었지만 하나님이 없었습니다.
예배를 드리거나 어떤 모임을 진행해도 하나님을 중심으로 움직이는 것은 전혀 찾아볼 수 없었습니다.
그들은 하나님을 무시하고 업신여기며 하나님을 모욕하는 행위를 하면서도 전혀 신앙과 양심에 가책을 느끼지 못했습니다.

2. 그들은 하나님을 모시는 신자들이 아니었습니다.

"네 행위의 온전한 것을 찾지 못하였노니"(2)

그들의 행동 어디에도 신자의 모습을 찾을 수 없었습니다.
술 취함과 방탕만이 전부였습니다. 낮이나 밤이나 상관없이 신자와 불신자를 구별할 수 없을 만큼 그들은 타락했습니다.

그들은 오래 전부터 신자로서의 능력을 상실했습니다.

3. 예수님은 사데 교회를 향하여 회개하라고 책망하셨습니다.

"그러므로 네가 어떻게 받았으며 어떻게 들었는지 생각하고 지켜 회개하라 만일 일깨지 아니하면 내가 도둑 같이 이르리니 어느 때에 네게 이를는지 네가 알지 못하리라"(3)

처음 복음을 듣고 기뻐하며 주님을 따르던 그때를 기억하고 회개하라고 하셨습니다. 하루라도 빨리 타락과 방종의 시간을 청산하고 순수한 신앙의 때로 돌아가라는 촉구입니다.

4. 만일 회개하지 않으면 도둑같이 임하셔서 그들을 심판하시겠다고 합니다.

여기서 도둑같이 임하신다는 것은 그 옛날 사데가 경계를 게을리 하다가 갑자기 기습 공격을 당하여 멸망했던 때를 상기시키는 음성입니다. 예수님은 예고 없이 찾아오십니다.

예수님은 반드시 심판하러 오십니다.

청중 적용

사랑하는 여러분!

1. 예수님의 눈에 비친 오늘 우리의 모습은 어떠할까요?

사실 우리 주변에는 너무도 화려하고 아름다운 교회들이 많습니다. 교회에서 쏟아지는 이런 저런 모임들과 행사들은 그 규모와 내용이 대단합니다. 그래서 우리는 이런 교회들이 살아 있는 교회라고 생각합니다. 움직이는 교회, 영향력이 있는 교회라고 부러워합니다.

그렇다면 예수님의 평가도 살아 있는 교회라고 하실까요?
지금 우리 교회를 보시며 살아 있는 교회라고 여기실까요?

2. 살아 있는 교회는 예수님 중심의 교회입니다.

교회의 생명은 성도가 많고 적은 것에 있지 않습니다.
교회의 생명은 건물의 화려함에 있지 않습니다.

살아 있는 교회는,

1) 처음 사랑을 유지하는 교회입니다.

네가 어떻게 받았으며 어떻게 들었는지를 끝까지 지키는 교회입니다.

처음 복음을 받았을 때 예수님의 사랑을 깨닫고 감격했던 때를 유지하는 것이 살아 있는 교회입니다.

첫 사랑을 유지하는 교회가 살아 있는 교회입니다.

2) 하나님 중심이어야 합니다.

교회는 사람들이 모여서 신앙생활을 이어가는 곳입니다. 그래서 하나님을 놓치기 쉽습니다. 하나님을 중심하지 않고 움직이는 모든 것은 살아 있으나 죽은 모습입니다. 오직 하나님을 중심으로 모든 일이 시작되고 진행되고 마무리 되는 교회만이 살아 있는 교회입니다.

3) 하나님은 살아 있는 교회를 통해서 자신을 나타내십니다.
살아 있는 교회는 하나님이 함께 하심과 살아계심이 나타납니다. 하나님이 함께 하시는 증거들이 지속적으로 나타납니다.

청중 결단

바른 신앙, 바른 행위로 하나님을 기쁘시게 하는 교회 운동을 합시다.
하나님 중심, 성경 중심, 교회 중심 → 살아 있는 교회의 표징입니다.

CHAPTER 18

열린 문을 두었으니
계 3:7~13

> **열 린 문**
>
> 빌라델비아 교회는 형제 사랑이라는 이름을 가진 아름다운 도시 안에 있었습니다. 교회의 설립 배경에 대하여 딱히 전해 오는 이야기는 없으나 예수님은 서머나 교회처럼 빌라델비아 교회를 향해서도 책망 없이 칭찬만 하셨습니다.
> 지상에 존재하는 교회들은 완전한 교회가 아닙니다. 아무리 열심히 신앙한다 해도 문제 없는 신앙생활은 불가능합니다.
> 그런데 빌라델비아 교회는 단 한마디의 책망도 없이 무조건 칭찬만 하셨다니 부러울 따름입니다.

설교를 이끄는 관점

빌라델비아 교회를 찾아오신 예수님은 빌라델비아 교회와 성도들을 향하여 말씀하십니다.

"볼지어다 내가 네 앞에 열린 문을 두었으되 능히 닫을 사람이 없으리라"(8)

* 여기서 말하는 열린 문이란 어떤 문을 말합니까?
* 이 열린 문을 통하여 빌라델비아 교회들이 받는 복은 무엇일까요?
* 이 열린 문을 능히 닫을 자가 없으리라고 하셨습니다.
  문이 열렸으면 닫히기도 해야 문의 기능을 다하는 것입니다. 열리기만 하고 닫히지 않는다면 문 안에 있는 것들을 단속할 수 없을 것인데 왜 닫을 사람이 없다고 하셨을까요?

예수님은 빌라델비아 교회에게 무엇을 주시려고 문을 열어두셨을까요?

하나님의 목적으로 해결

빌라델비아 교회를 찾아오신 예수님은 말씀하십니다.

"거룩하고 진실하사 다윗의 열쇠를 가지신 이 곧 열면 닫을 사람이 없고 닫으면 열 사람이 없는 그가 이르시되"(7)

문을 열어 주시려고 열쇠를 가지고 오셨습니다.
예수님이 가지신 다윗의 열쇠는 지상의 모든 것을 열고 닫을 수 있는 권세입니다.
예수님께서 가지신 이 다윗의 열쇠로 예수님은 생명과 사망, 천국과 지옥, 세상의 모든 것을 임의로 주관하십니다.

예수님은 이 열쇠로 빌라델비아 교회의 모든 문을 열어 주신다고 약속하셨습니다.

이것이 열린 문입니다.

빌라델비아 교회가 받은 열린 문은,

1. 믿음의 문입니다.

"작은 능력을 가지고서도 내 말을 지키며 내 이름을 배반하지 아니하였도다"(8)

이는 빌라델비아 교회 성도들이 믿음의 능력을 가진 자들이라는 증거입니다. 이 믿음의 문이 닫히지 않도록 예수님께서 계속 열어 두시겠다는 말입니다. 더 많은 믿음의 사람들이 빌라델비아 교회를 통하여 세워지도록 열어두시겠다는 말입니다.

빌라델비아 교회는 믿음이 열리고 믿음이 변하지 않는 복을 받았습니다.

2. 전도의 문입니다.

빌라델비아 교회로 많은 사람들을 보내주시겠다는 약속입니다. 빌라델비아 교회와 성도들이 믿음으로 나가서 복음을 전파하면 빌라델비아 교회의 열린 문으로 수많은 영혼들이 들어오도록 전도의 문, 결실의 문을 열어주시겠다는 약속입니다.

날마다 구원 얻는 자들이 계속되는 교회, 이것이 빌라델비아 교회가 받은 복입니다.

3. 화해의 문입니다.

원수들이 굴복하고 무릎을 꿇는 일들이 빌라델비아 교회를 통해서 일어난다는 약속입니다.

"보라 사탄의 회당 자칭 유대인이라 하나 그렇지 아니하고 거짓말 하는 자들 중에서 몇을 네게 주어 그들로 와서 네 발 앞에 절하게 하고 내가 너를 사랑하는 줄을 알게 하리라"(9)

빌라델비아 교회를 핍박하던 유대인들 중에서 몇 사람이 회개하고 빌라델비아 교회로 돌아오는 역사가 있으리라는 말씀입니다.

이들은 "사탄의 회당"이라고 낙인 찍혔던 유대인들 중에서도 아주 거세게 교회를 대적하는 자들이었습니다. 이들이 회개하고 자발적으로 돌아오는 일은 엄청 어려운 일입니다.

이들이 빌라델비아 교회로 나와 형제들과 화해하고 바른 관계를 가지도록 예수님께서 이들의 마음을 열어 주신 결과입니다.

빌라델비아 교회는 누구와도 화목하고 하나 되는 복을 누리는 교회입니다.

4. 예수님께서 이런 열린 문의 복을 주신 것은 빌라델비아 교회가 하나님의 말씀을 듣고 지키는 일에 인내했기 때문입니다(10절).

여기서 말하는 "인내"란 지속적이고 오랜 기간 말씀을 붙잡고 변함없이 신앙을 유지한 결과를 의미합니다. 예수님은 빌라델비아 교회가 지금도 이렇게 인내하고 있음을 칭찬하셨습니다.

빌라델비아 교회는 열린 문의 복을 누릴 만한 자격을 가진 교회였습니다.

예수님의 권세를 받을 조건을 갖춘 교회였습니다.

청중 적용

사랑하는 여러분!

1. 지금 우리는 열린 세상에서 살고 있습니다.

지식과 과학과 의학과 우주까지 개발하여 다음 세상을 열기 위한 노력들이 활발한 열린 세상에서 살고 있습니다.

빌라델비아 교회의 성도들에게는 상상도 못한 세상이 열렸습니다. 그렇다면 이 열린 세상 안에 있는 교회들을 바라보시는 예수님의 시선은 어떠실까요?

* 주님이 원하시는 것들이 열려 있을까요?
* 교회마다 지켜야 할 것들을 제대로 지키고 있을까요?
* 열린 문을 가진 빌라델비아 교회와 같은 교회를 찾으실 수 있을까요?

2. 말씀을 떠나면 모든 문들이 닫히게 됩니다.

예수님은 말씀을 지키고, 말씀을 붙들고 인내하는 교회를 주목하시고 그 교회의 문들을 열어 주십니다.

1) 네가 작은 능력을 가지고도….
교회의 외모나 인원은 중요하지 않습니다.
많은 인원이 모였으나 예수님의 마음이 떠난다면 무슨 소용이 있겠습니까?

　인원이 많든 적든 예수님의 이름을 붙들고 지키는 능력을 잃지 말아야 합니다.

　2) 나의 인내의 말씀을 지켰은즉….
　말씀을 끝까지 붙들고 살아야 합니다.
　말씀대로 사는 것이 쉽지 않습니다. 그래서 말씀을 지키면서 살려면 인내가 필요합니다. 견디고 또 견디는 수고가 필요합니다.
　예수님은 인내의 말씀을 지키는 현장에 오셔서 모든 문들을 열어주십니다.

　3) 예수님은 우리 교회의 모든 문들을 열어 주시려고 다윗의 열쇠를 가지고 찾아오셨습니다. 예수님을 실망시켜서는 안 됩니다. 예수님께서 주목하시는 교회로 이루어가야 합니다.

청중 결단

말씀대로 살아봅시다!
세상에 열린 문들을 바라보지 말고
예수님께서 열어 주실 문들을 바라보며 말씀을 실천해 봅시다!

1) 매일 말씀 읽고 묵상하기
2) 설교를 통해서 은혜 주신대로 실천하기
3) 믿음 지키기 위해서 거절하기

CHAPTER 19

작은 능력
계 3:7~13

> **작은 능력**
> 빌라델비아 교회를 향한 예수님의 칭찬이 계속되고 있습니다. 예수님의 칭찬을 받는 교회(성도)가 되는 것은 쉽지 않습니다. 주님은 교회와 성도들의 신앙과 삶의 겉과 내용을 전부 보시기 때문입니다.

설교를 이끄는 관점

8절이 주님이 칭찬하신 내용입니다.

"네가 작은 능력을 가지고서도 내 말을 지켰다"(8)

여기서 풀어야 할 것은 빌라델비아 교회가 가지고 있는 "작은 능력"이란 무엇인가입니다. 작은 능력, 작은 힘은 약할 수밖에 없고 큰 능력 앞에서 제대로 힘을 쓸 수 없는 것이 상식입니다.

빌라델비아 교회 안에는 큰 능력이 있었습니다.
빌라델비아 교회 안에 있는 큰 능력은 9절에 있습니다.

"사탄의 회당 곧 자칭 유대인이라 하나 그렇지 아니하고 거짓말하는 자들"(9)

사탄의 회당이란 사탄의 무리들, 또는 사탄의 공동체라는 뜻입니다. 이들이 큰 능력을 가졌다는 것은 숫자적으로 많았다는 의미입니다.

빌라델비아 교회가 작은 능력을 가졌다는 말은 숫자적으로 열세하다는 의미입니다. 상식적으로 큰 능력이 힘을 쓰고 작은 능력이 힘을 쓰지 못해야 하는데 빌라델비아 교회 안의 작은 무리들은 큰 무리들이 감당할 수 없었습니다.

어떻게 이런 일이 가능했을까요?

하나님의 목적으로 해결

이 작은 능력을 가졌던 빌라델비아 교인들이 큰 능력(사탄의 회당)을 (싸워서) 이길 수 있는 비결은 10절입니다.

"네가 나의 인내의 말씀을 지켰은즉"(10)

이것이 비결입니다.
빌라델비아 교인들은 작은 능력, 소수의 무리였지만 오직 말씀을 붙잡고 인내함으로 거짓의 무리, 거대한 무리, 큰 능력의 무리를 이기는 체험을 했습니다.

 * 작은 능력의 근원지가 말씀이었습니다.
  그들의 힘이 아니라 말씀이 이기는 능력이었습니다.

 1. 이들은 하나님의 말씀을 끝까지 붙잡고 배신하지 않았습니다.
  사탄의 회(會), 거짓말하는 유대인들 → 신앙을 변질시키려는 사탄의 무리들이 말씀을 변질시켜서 이들을 미혹했지만 이들은 끝까지 그들의 미혹과 유혹을 이겨냈습니다. 큰 능력의 무리들이 말씀을 변질시켜서 미혹하고 유혹했는데 적은 능력의 사람들도 말씀을 앞세워서 이겨냈다는 사실입니다.

  예수님이 광야에서 시험 당하실 때, 사탄은 자기마음대로 말씀을 변질시켜 이용했습니다. 그러나 예수님은 변질된 말씀 앞에서 말씀의 본질을 들고 물리치셨습니다.

  작은 능력을 가진 자들이었지만 말씀을 붙잡았을 때 큰 능력을 이기는 권세가 나타났습니다.

 2. 빌라델비아 교인들은 시험과 환난을 두려워하지 않았습니다.

  "나의 인내의 말씀을 지켰은즉…"(10)

사탄이 신자들을 무너뜨리는 도구로 시험과 핍박을 앞세웠습니다. 시험과 핍박 앞에서 많은 무리들의 신앙이 변절했습니다. 하지만 이 작은 능력의 무리들은 시험과 핍박을 전혀 두려워하지 않았습니다.

산 사람을 산채로 목숨이 끊어질 때까지 불에 집어넣었습니다. 자신의 몸이 타들어가는 것을 마지막까지 느끼면서 견딜 수 있는 사람은 그리 많지 않습니다. 가장 견디기 힘든 고통이 불에 데는 화상입니다. 이들은 이 밖의 여러 시험도 두려워하지 않았습니다.

3. 이런 작은 능력의 사람들에게 상급을 약속하셨습니다.

1) 시험의 때를 면하게 하셨습니다.
지금 받은 시험을 이기었으니 앞으로 더 큰 환난을 막아주겠다는 약속입니다. 더 큰 시험을 당해도 능히 이길 것이니 이제는 더 이상 시험을 두려워하지 말라는 약속입니다.

2) 면류관을 주시겠다고 합니다.
면류관이란 주님의 이름을 배신하지 않은 자들에게만 주시는 상급이요 특별대우입니다. 견딘 만큼 받는 복입니다. 주님이 상급으로 주시는 면류관은 1:1로 받습니다. 주님과 나와의 관계에서만 면류관의 가치를 누리게 하십니다.

3) 성전 기둥이 되게 하십니다.
성전 기둥이란 천당에 있는 모든 자들이 보면서 영광을 돌리도록 그를 모든 자들 앞에서 높여주시겠다는 약속입니다.

4) 이름을 기록하시리라 했습니다.

빌라델비아 교인들의 이름이 성경에는 없습니다. 하지만 주님의 생명책에는 있습니다.

성경은 세상의 기록으로 남겨졌습니다. 그래서 제한적입니다. 읽지 못하고 죽는 사람도 있습니다. 그러나 생명책은 하나님과 천사들, 천국 백성들이 영원히 볼 수 있습니다. 주님은 그 이름을 잊지 않으시고 영원히 보존하신다는 약속입니다.

청중 적용

사랑하는 여러분!

1. 지금 이 땅에 작은 능력을 가진 자들이 있습니다.

지금도 여전히 사람들에게 업신여김을 받고, 무시당하고, 존재감도 없습니다. 그래서 작은 능력의 무리들은 스스로 자신이 속한 작은 능력의 공동체를 숨기려 합니다. 쉽게 말해 부끄러워합니다. 그리고 할 수만 있으면 그 곳에서 나오려고 합니다.

왜 그럴까요?
* 사람들에게 주목받지 못하기 때문입니다.
* 사람들의 이목이 불편하기 때문입니다.
* 스스로도 견디기 힘들기 때문입니다.

그래서 변절이 일어납니다. 신앙을 버려도 불편하게 여기지 않습니다.

다들 큰 능력을 가지려고 큰 능력의 무리들을 찾아가서 거기에 속하려고 합니다.

사탄은 이런 작은 능력의 무리들의 약점을 공격합니다.

지금 우리 주변에서 많은 배신과 배교가 일어나고 있습니다.

신천지에 속한 자들이 배신, 배교자들입니다. 이단에 빠진 자들, 정상적인 교회 같지만 세상적인 방법으로 자행되고 있는 교회들…. 이들은 작은 능력을 버리고 큰 능력을 가지려고 모인 자들입니다.

2. 힘이 들더라도 말씀이 승리한다는 사실을 가르쳐야 합니다.

예수님은 교인들의 숫자나 건물, 혹은 주변 환경에 가치를 두지 않았습니다. 하지만 우리는 많은 조건들을 가져야 큰 능력이라 생각합니다. 작은 능력으로도 얼마든지 세상을 이길 수 있습니다.

1) 바른 신앙이 능력입니다.

바른 신앙이란, 진리를 떠나지 않는 것입니다.

힘들어도 말씀을 끝까지 지키는 것입니다.

바른 신앙을 가르치고, 바른 신앙을 지킬 때 큰 능력이 나타납니다. 진리 안에 있는 자들은 작은 능력을 가지고도 큰 무리들을 이기는 자들입니다.

2) 외모 중심적 신앙 유혹을 버리십시오!

한 때 3B(건물, 묘지, 버스)가 있어야 부흥한다는 이야기가 있었습니다. 이것들은 교회생활에 편리함을 주지만 이것이 신앙을 지키는 필수 요소는 아닙니다.

지금도 작은 능력 즉 건물도 없고, 숫자도, 열세하고 조건과 환경이 열악하지만 능력 있는 신앙을 지키는 무리들이 많습니다.

외형 중심적 신앙은 사탄의 표적이 됩니다.

우리에게 물리적인 신앙을 가지게 하려는 것은 우리의 능력을 약화시키려는 사탄의 술수입니다.

3) 예수님은 지금도 작은 능력을 가지고 인내의 말씀을 지키는 자를 응원하십니다.

인내의 말씀을 선포하고!

인내의 말씀을 지키는 자를 응원하십니다.

청중 결단

적은 무리여, 두려워하지 맙시다!

예수님의 눈에 큰 능력을 가진 자들이 됩시다!

사람의 눈을 의식하지 않아야 예수님 중심의 신앙을 지킬 수 있습니다.

CHAPTER 20

차든지 뜨겁든지

계 3:14~22

토하여 버리리라

라오디게아 교회는 바울이 3차 전도여행 중 에베소에서 복음을 받은 에바브라가 돌아가서 세운 교회라고 전해지고 있습니다(골1:7, 4:12).
라오디게아 교회는 아시아에 있던 다른 교회들과 달리 이단의 위협이나 유대인들의 핍박이 전혀 언급되지 않았습니다. 그렇다면 라오디게아 교회는 비교적 평온한 교회를 유지하고 있었다는 생각을 할 수 있습니다. 라오디게아 교회를 찾아오신 예수님은 이런 평온한 교회를 충격에 빠뜨렸습니다.

설교를 이끄는 관점

"내가 네 행위를 아노니 네가 차지도 아니하고 뜨겁지도 아니하노라 네가 차든지 뜨겁든지 하기를 원하노라 네가 이같이 미지근하여 뜨겁지도 아니하고 차지도 아니하니 내 입에서 너를 토하여 버리리라" (15~16)

예수님의 입에서 토해야 될 만큼 라오디게아 교회의 상태가 형편없다는 말씀입니다.

여기서 "미지근하여"란, 도저히 입에서 넘길 수 없을 만큼 역겹다는 의미입니다.

* 어쩌다 라오디게아 교회는 이런 지경이 되었을까요?
* 만일 예수님의 입에서 토하여진다면 라오디게아 교회는 어찌 되는 것일까요?
* 라오디게아 교회가 이런 상태에서 벗어나는 길은 무엇일까요?

하나님의 목적으로 해결

라오디게아 교회가 이 지경에 이른 원인을 찾아야 합니다.

라오디게아 교회가 차지도 아니하고 뜨겁지도 아니한 역겨운 상태에 이르게 된 이유가 19절에 있습니다.

> "무릇 내가 사랑하는 자를 책망하여 징계하노니 그러므로 네가 열심을 내라 회개하라"(19)

라오디게아 교회의 문제 원인은 한마디로 신앙 정지 상태 때문입니다.

라오디게아 교인들이 어떤 시점에서 신앙이 정지되어 더 이상 어떤 신앙적 노력도 하지 않는 것이 문제였습니다.

1. 예수님은 라오디게아 교인들을 사랑하시기에 그들을 다

시 일으키시려고 찾아오셨습니다(19절).

"내가 사랑하는 자를 책망하여"(19)

예수님은 라오디게아 교인들을 노골적으로 사랑한다고 고백하셨습니다.
예수님은 라오디게아 교인들을 사랑하시기에 문제를 고쳐서 그들이 더 사랑 받는 자로 세워지고 지금보다 더 많이 사랑하기를 원하셨습니다. 더 사랑하시려고 잘못을 책망하신다고 하셨습니다.

2. 예수님은 라오디게아 교인들이 다시 회복할 수 있는 방법도 알려주셨습니다(19절).

예수님께서 제시하신 처방은 "열심과 회개"입니다.
여기서 "열심"이란, 신앙 정지 상태로부터 깨어나는 것입니다.
차지도 뜨겁지도 않은 이들의 신앙에 다시 생기를 불어넣으라는 당부이십니다.

"회개"란, 그동안 신앙정지 상태에서 빠뜨린 원인을 찾아서 제거하고 그 자리에서 돌이키라는 말씀입니다. 한마디로 그냥 있어서는 아무것도 할 수 없으니 움직이라는 말씀입니다.

* 차든지=불신앙자들보다 더 못한 그들의 모습을 지적하셨습니다.
* 뜨겁든지=신앙의 열정을 가지고 모든 일에 적극적인 자세를 촉구하셨습니다.

* 미지근하여=이것도 저것도 아닌 상태가 아니라 무관심, 냉대, 신앙정지 상태로써 불신자보다 더 못한 상태를 이르는 말입니다. 차라리 불신자라면 복음으로 다시 일으킬 수 있는 기회라도 있을 것인데 그 보다 더 나쁜 상태를 말합니다.

3. 예수님은 라오디게아 교인들이 바른 신앙으로 세워지도록 계속해서 촉구하셨습니다(20절).

라오디게아 교회 문 밖에서 계속 문을 두드리시면서 열심을 촉구하셨습니다.

예수님의 음성을 듣고 문을 열면 라오디게아 교회 성도들이 다시 일어나도록 도우실 준비를 하시고 계속 두드리셨습니다.

어서 문을 열어야 됩니다. 한시라도 빨리 문을 열어야 예수님이 토하시지 않고 그들을 받아주실 수 있습니다.

청중 적용

사랑하는 여러분!

1. 지금 우리의 모습은 어떻습니까?

예수님의 눈에 비친 우리의 모습은 차든지 뜨겁든지 합니까? 혹시 당장이라도 토해야 될 상태는 아닙니까?

신앙 정지 상태에 있는 교회와 성도들은 오늘 라오디게아 교회를 통한 경고를 무시하면 안 됩니다.

그대로 있다가는 큰일 날 수 있습니다.

지금 나와 교회를 점검해야 합니다.

2. 움직여야 삽니다.

움직여야 나도 살고 교회도 삽니다.

신앙의 정지 상태를 벗어나는 길은 다시 시작 버튼을 누르는 것입니다.

1) 열심을 회복하십시오.

열심이란, 신앙의 본분과 도리를 다하는 일입니다.

신앙인으로서 마땅한 책임을 미루지 않고 그때그때 성실히 행할 때 회복이 일어납니다.

2) 예수님의 사랑을 잊지 마십시오.

나를 사랑하시기에 나를 향한 기대를 가지고 찾아 오셨습니다.

예수님의 사랑과 기대를 무너뜨리는 것은 어리석고 미련한 일입니다.

나를 향한 주님의 사랑이 산보다 높고 바다보다 깊습니다.

그 사랑이 지금 나를 깨우고 있습니다.

3) 예수님은 24시간 나를 향하여 문을 두드리고 계십니다.

내가 움직이면 예수님도 나를 향하여 모든 것을 아낌없이 주십니다. 당장 주님의 음성을 듣고 움직여서 준비하신 복을 놓치지 않아야 합니다.

청중 결단

새 봄의 기운처럼 신앙의 생명력을 회복합시다!

생명력의 기본은 물입니다.

생수이신 예수님의 은혜를 공급받아서 다시 일어나 움직입시다!

CHAPTER 21

너만 알지 못하는도다
계 3:14~22

알지 못하는도다

라오디게아 교회가 위치한 지역은 상업 요충지였고 은행업이 발달하였으며 특히 의술이 발전된 도시였습니다. 이 지역에서 생산되는 검은 양모 제품은 아주 높은 가격에 팔리는 효자 상품이었습니다.
덕분에 라오디게아 지역 사람들은 아주 부요하고 분에 넘치는 삶을 누렸습니다. 그런데 라오디게아 교인들을 향한 예수님의 책망은 상상을 뛰어넘었습니다.

설교를 이끄는 관점

"네가 말하기를 나는 부자라 부요하고 부족한 것이 없다 하나 네 곤고한 것과 가련한 것과 가난한 것과 눈 먼 것과 벌거벗은 것을 알지 못하는도다"(17)

이 말씀이 진짜라면 라오디게아 교인들은 정말 심각합니다. 그들은 스스로 부자고 부요하고 부족함이 없이 살고 있다고 자부했습니다. 하지만 예수님의 눈에 비친 그들은 그렇지 않았습니다.

1) 곤고하고 가련하고 가난했습니다.

이는 그들이 생각하는 것과는 너무도 다릅니다.

이 말씀대로라면 라오디게아 교인들은 불쌍하기 짝이 없습니다. 마치 노숙하는 자처럼 빈궁하고 가진 것이 없어서 누군가가 당장 도와주어야 할 대상입니다. 그런데 왜 그들은 자신의 이런 모습을 전혀 알지 못하고 있을까요?

2) 눈 먼 자들이었습니다.

라오디게아 지역은 여러 곳에서 안약을 사서 눈을 치유하려는 자들로 북적거렸습니다. 하지만 정작 눈을 고쳐야 할 자들은 라오디게아 교인들이었습니다.

이 말씀대로라면 눈 먼 자들이 눈 먼 자들을 고친다고 설쳐대는 꼴입니다.

왜 이들은 자신이 눈 먼 자들임을 알지 못할까요?

3) 벌거벗은 자들이었습니다.

한마디로 전혀 옷을 걸치고 다니지 않는 자들이란 말입니다. 이들은 검은 양모 옷을 만들어서 많은 돈을 벌었습니다. 이 말씀대로라면 옷을 만들어 팔 것이 아니라 자신들의 수치부터 가려야 할 지경입니다.

그런데 왜 이들은 자신들의 이런 모습을 알지 못할까요?

하나님의 목적으로 해결

라오디게아 교회를 찾아오신 예수님은 아멘이시오 충성되고 참된 증인이시오 하나님의 창조의 근본이신 예수님입니다. 예수님을 이렇게 설명하신 것은 예수님의 판단과 진단은 전혀 거짓이 있을 수 없음을 스스로 증거하시기 위함입니다.

지금 라오디게아 교회는 자신의 상태를 깨닫지 못하는 교만이 문제입니다. 라오디게아 교회 성도들은 자기만족과 착각에 빠져서 자신의 상태를 똑바로 보지 못하는 어리석은 자들이었습니다.

1. 이들은 자신이 부자고 부요하다고 여겼습니다.

자신들은 여러 상업들과 의술로 인한 수입들로 돈이 많이 있으니 아무 걱정이 없다고 생각했습니다. 돈만 있으면 하나님과 멀어져도 상관없다고 여겼습니다.

그래서 그들은 돈만 믿고 어떤 신앙적 노력도 하지 않았습니다.

그저 헌금만 드렸을 뿐 신앙인으로서 최소한의 책임과 의무도 저버렸습니다. 돈만 있으면 모든 것에 면죄부를 얻을 수 있다고 믿고 그렇게 행동했습니다.

2. 이들의 이런 교만과 나태함은 영적인 수치를 모르는 죄악입니다.

돈 몇 푼으로 겉은 치장하고 다녔지만 그들의 속사람은 아주 수치스럽고 한심했습니다. 예수님의 눈에 비친 이들은 아주 심각한 영적 가난을 겪고 있었으며 벌거벗은 자처럼 부끄러움을 모르는 눈 먼 자들과 같았습니다.

이들을 이런 수치와 부끄러움에서 건질 자가 라오디게아 교회 안에는 단 한 사람도 없었습니다.

3. 예수님은 라오디게아 교회와 성도들이 이런 영적 교만과 부끄러움에서 벗어날 수 있는 처방을 주셨습니다(18절).

1) 불로 연단한 금을 사라.

이는 그들 주머니에 있는 돈이 아니라 진짜 돈, 진짜 금을 사라는 말씀입니다.

그들의 돈으로 살 수 없는 불로 연단 된 금=변하지 않는 믿음을 가져야 교만과 부끄러움에서 벗어날 수 있다는 권면입니다.

2) 흰 옷을 사서 입어 벌거벗은 수치를 보이지 않게 하라.

지금 그들은 최고의 검은 양모를 입고서 자랑하지만 그것으로는 그들의 벌거벗은 수치를 가릴 수가 없습니다.

그들의 수치를 가릴 수 있는 유일한 옷은 "흰 옷", 예수님께서 입혀주시는 의로운 흰 옷이 유일한 해결책입니다.

3) 안약을 사서 눈에 발라 보게 하라.

안약을 사서 눈에 바르고 눈을 뜬 자들이 보는 것은 세상 죄악들입니다.

차라리 보지 않는 것이 더 나을 뻔한 것들뿐이었습니다.

이제 그들은 예수님의 피로 만든 새 안약을 사서 바르고 자신의 상태를 바로 보고 일어서야 합니다.

청중 적용

사랑하는 여러분!

1. 지금 우리 주변에는 이런 수치와 부끄러움을 모르는 자들이 한둘이 아닙니다.

자신들에게 쥐어진 몇 푼의 물질과 주어진 환경을 믿고 목이 곧고 거만한 자들이 적지 않습니다.

문제는 이런 교만과 자기밖에 모르는 사람들이 교회 안에서 자신과 주변을 병들게 한다는 사실입니다.

1) 스스로 부요하다고 여기며 다른 사람을 멸시하거나 업신여기는 사람들입니다.
2) 눈에 보이는 것들 모두가 자기 마음에 들지 않는다고 불평하는 사람들입니다.
3) 지금 나를 두르고 있는 것들은 무엇입니까?
   혹시 검은 양모나 두르고 으스대지는 않습니까?

2. 예수님의 심정을 가지십시오.

내 눈으로 보면 제대로 볼 수 없습니다.
예수님의 눈으로 봐야 나와 내 주변이 제대로 보입니다.

1) 믿음의 눈으로 보십시오.
믿음이 아니면 그 어느 것도 제대로 보이지 않습니다.
믿음의 사람만이 자신을 알고 주변을 알고 예수님을 알 수 있습니다.

2) 겸손하십시오.
교만과 겸손은 백지 한 장 차이입니다.
나를 드러내면 교만이고 예수님을 드러내면 겸손입니다.
예수님은 교만과 거만한 자를 물리치십니다.

3) 지금도 예수님은 우리가 예수님 중심으로 살아가도록 내 문을 두드리고 계십니다. 내 삶에 찾아 오셔서 나를 깨우고 계십니다.

청중 결단

"이기는 자."
믿음을 지키고 겸손하게 신앙하는 자에게 주시는 복이 있습니다. 예수님처럼 아버지의 보좌에 앉는 복을 주십니다.

CHAPTER 22

문 밖에 계신 그리스도

계 3:14~22

> **문 밖에 서서**
>
> 세계 2차 대전을 승리로 이끈 영국의 수상이 말합니다.
> "돈을 잃는 것은 적게 잃은 것, 명예를 잃은 것은 크게 잃은 것, 하지만 용기를 잃은 것은 전부를 잃는 것입니다. 장비를 주시면 우리가 끝장을 내겠습니다."

1941년 2월 당시 전쟁으로 피폐해진 영국은 서서히 몰락하고 있었습니다. 윈스턴 처칠은 이런 강력한 회고로 미국 루스벨트 대통령과 의회를 설득하여 310억 달러 가치의 무기를 공급 받았고 전쟁을 승리로 끝냈습니다.

이런 처칠의 활약에 영국인들은 엄청난 지지를 보냈습니다. 하지만 이어 1945년 7월 열린 선거에서 영국인들은 처칠을 낙선시켰습니다. 처칠을 거부했습니다. 처칠은 백성들에게 거부당했습니다. 거부당한 처칠은 한동안 패닉 상태에서 헤어나지 못했습니다. 이런 결과를 전혀 상상하지 못했기 때문입니다.

누구에게 거부당한 적이 있습니까?
- 거부감은 버림당한 감정을 말합니다.
  버림당한 고통이 거부감입니다. 특별히 가까운 사람, 믿었던 사람에게 거부감을 느낀다면 정말 참을 수 없을 것입니다.
- 거부감은 상실감과 좌절감을 가져다줍니다.
  모든 것을 잃어버린 것과 같은 허탈과 허망함을 갖게 합니다.
- 거부감의 상처는 쉽게 회복되지 않습니다.
  살면서 거부당하지도 말아야 하고 거부해서도 안 됩니다.

* 여러분들은 누군가로부터 거부당한 적이 있습니까?
  오늘 본문에도 거부당하신 분이 있습니다.

"볼지어다 내가 문밖에 서서 두드리노니 누구든지 내 음성을 듣고 문을 열면 내가 그에게로 들어가 그와 더불어 먹고 그는 나와 더불어 먹으리라"(20)

바로 예수님이십니다!
예수님께서 문 밖에 서서 두드리는 것은 거부당하신 모습입니다. 예수님께서 문 밖에 서서 두드리고 계시는데 열어주지 않는 것은 예수님을 거부한 것입니다.

설교를 이끄는 관점

예수님께서 문 밖에 서서 두드리는데도 왜 문을 열어주지 않는 것일까요?

왜 예수님을 거부하고 있을까요?

예수님께서 두드리시는 것을 알면서도 거부하고 있다면 아주 심각한 일입니다.

예수님을 거부한 이들은 누구일까요?

왜 이들은 예수님을 거부했을까요?

하나님의 목적으로 해결

이들이 예수님을 거절한 이유가 17절에 있습니다.

> "네가 말하기를 나는 부자라 부요하여 부족한 것이 없다 하나 네 곤고한 것과 가련한 것과 가난한 것과 눈 먼 것과 벌거벗은 것을 알지 못하는도다"(17)

"나는 부자라 부요하여 부족한 것이 없다", "난 괜찮아! 지금 예수님이 나에게 해주실 것이 별로 없어."

예수님을 거부한 자들은 라오디게아 교회 성도들이며, 이들이 예수님을 거절한 이유는 예수님이 필요 없다고 생각했기 때문입니다. 자신들은 부자라서 돈만 있으면 무엇이든지 할 수 있기에 예수님이 필요하지 않다고 생각했습니다. 이런 그들의 착각이 예수님을 거부하고 예수님을 문 밖에 서서 계시도록 거부했습니다.

1. 그렇다면 정말 이들이 예수님을 거부해도 되는지 살펴볼까요?(17절)

그들은 예수님이 필요하지 않을 만큼 부족함이 없다고 큰소리를 쳤지만 그들의 실상은,
 1) 곤고하고 – 어려움에 처해서 고통스러운 상태
 2) 가련하고 – 돌봄이 필요한 자들이며
 3) 가난하고 – 아무것도 없는 상태
 4) 눈멀고 – 소경된 자들이며
 5) 벌거벗은 자 – 아무것도 걸치지 않은 부끄러운 자들
 한 마디로 자신의 수치를 모르는 자들이었습니다.

이들은 돈만 있으면 무엇이든지 '할 수 있다는 교만으로 자신의 현실을 제대로 보지 못하는 불쌍한 자들입니다. 이런 자들이 돈만 있으면 무엇이든지 할 수 있다고 여겼기에 신앙에는 별로 관심도 없고 차지도 뜨겁지도 않은, 무늬만 성도였고 성도 흉내만 내는 자들이었습니다. 이들은 예수님의 책망과 징계의 대상입니다. 당장 회개하고 일어서지 않으면 예수님께서 토해내야 할 자들입니다.

2. 그런데 왜 예수님은 예수님을 거부하는 이들을 향하여 계속해서 문을 두드리고 계신 것일까요?

피를 값 주고 사신 아끼시는 자녀들이기 때문입니다. 살려보려고, 회복시켜보려고, 다시 예전처럼 좋은 관계를 가져보시려고 사랑을 쏟고 계셨습니다.

내 너를 위하여 몸 버려 피 흘려 값없이 주었다." 오직 사랑에 매여서 한 번만 더 한 번만 더 두드리고 계셨습니다. 외면당하면서도 거부당하면서도 그대로 살려 보려고 또 두드리고 또 두드

리고 계셨습니다.

3. 이런 예수님의 심정을 깨닫고 더 이상 예수님을 거부해서는 안 됩니다.

이제는 문을 열어야 합니다. 예수님의 필요를 인정하고 예수님의 도우심을 받아야 합니다. 문 여는 방법은 하나입니다.
"아멘 주 예수여 내 안에 오시옵소서."
"아멘 주 예수여 나를 만져주소서."
"아멘 주 예수여 나를 고쳐주소서."
이 고백으로, 예수님은 지난 날 모든 것을 기억하지 않으시고 내 안에 오셔서 나와 더불어 먹고 마시는 즐거움과 기쁨을 공급하십니다.

"예수님과 더불어 먹고 마심은" 모든 문제들이 치유되고 회복된 기쁨을 나누는 잔치입니다.

청중 적용

사랑하는 여러분!

1. 교회를 거부하려는 자들의 생각들

1) 항상 헌금을 요구한다.
2) 설교는 지루하고 판에 박혀 있다.
3) 실생활에 도움이 안 된다.
4) 무지하고 죄가 많다고 느끼게 한다.

이는 본질을 거부하려는 핑계입니다. 예수님을 거부하려는 사람들의 핑계입니다. 그들의 실상은 예수님을 위하여 아무것도 하지 않으려는 핑계입니다. 자신을 보지 못하는 눈 먼 자들의 불평과 원망입니다.

2. 예수님을 거부한 자들의 최후를 상상 해본 적이 있습니까? 예수님을 거부한 자들은 예수님의 입에서 토해진 자들이 될 것이며 아버지의 보좌에 앉지 못할 것입니다(21절).

이제는 문을 열어야 합니다!
예수님의 도우심이 필요하지 않은 곳은 없습니다.

1) 예수님의 도우심을 구하십시오!
예수님의 도우심을 얻기 위해서 예수님께 구하는 것이 예수님을 모셔드리는 것입니다.
2) 예수님은 문 열고 도움을 구하는 자들을 단 한 번도 거절하신 적이 없습니다. 시와 때와 장소를 가리지 않고 찾아오셔서 은혜를 베푸십니다.
3) 예수님을 환영하는 자만이 예수님의 영광을 누립니다!

청중 결단

매일 저녁 8시 기도회는 예수님께서 문 밖에 서서 두드리시는 시간입니다.
매일 저녁 8시 기도회에 오셔서 부르짖으면 예수님과 더불어 먹고 마시는 복, 문제 해결의 기쁨이 있습니다.

Revelation

Revelation
요한계시록

PART_3
4~10장

Revelation

CHAPTER 23

하늘의 보좌

계 4:1~11

> **보 좌**
>
> 일곱 교회들을 향한 음성을 들은 후 요한은 또 다른 경험을 하게 됩니다.
> 1절을 보면, 하늘에 문이 있는데 그 안에서 나팔 소리 같은 음성으로 "이리로 올라오라"는 소리를 듣습니다. 정확히는 알 수 없으나 하늘의 문이 열린 것을 보면 요한이 천상세계, 하나님의 나라로 인도되었음을 알 수 있습니다.
> 천상세계로 인도 된 요한의 눈에 보인 것들이 얼마나 많았겠습니까? 그중에 요한의 눈을 사로잡은 것이 있었습니다. 바로 보좌였습니다.

설교를 이끄는 관점

요한은 4장에서 보좌란 말을 13회나 사용하고 있습니다.
요한이 이 보좌에 압도되었다는 말입니다.
보좌에 대한 첫 감동을 2절에 기록했습니다.

"내가 곧 성령에 감동되었더니 보라 하늘에 보좌를 베풀었고 그 보좌 위에 앉으신 이가 있는데"(2)

천상세계를 올라간 요한의 눈에 보좌가 베풀어진 모습이 그의 눈을 사로잡았습니다.

"하늘에 보좌를 베풀었고"(2)

한마디로 보좌밖에 보이지 않았다는 말입니다.
이 보좌는 어떤 보좌입니까?
그 보좌 위에 앉으신 이가 있다고 했는데 그가 누구인지 정확히 말하고 있지 않습니다. 요한의 눈으로 그를 직접 보았는데 보좌에 앉으신 이를 누구라고 말하지 못하는 이유는 무엇입니까?

여러분은 이 보좌에 대하여 들어본 적이 있습니까?

하나님의 목적으로 해결

이 보좌는 하나님의 보좌, 성부 하나님의 보좌입니다.
계 4장에서 보좌란 말이 13회 사용되었는데 그 중 11회가 성부 하나님을 의미했고 2회가 24장로들의 보좌를 말했습니다.

이 성부 하나님의 보좌는 심판과 구원을 주권적으로 다스리시는 분임을 의미합니다. 이 성부 하나님의 보좌에서 모든 것이 나오고 진행되고 마무리 됩니다.

1. 보좌가 비어 있지 않습니다(2절).

"보좌 위에 앉으신 이"가 있다고 말합니다. 그런데 보좌에 앉으신 이를 정확히 표현하지 않고 있습니다. 3절은 보좌에 앉으신 이에 대한 표현입니다.

얼굴이나 모습을 말하지 않고 보석으로 표현하고 있습니다.

> "앉으신 이의 모양이 벽옥과 홍보석 같고 또 무지개가 있어 보좌에 둘렸는데 그 모양이 녹보석 같더라"(3)

성부 하나님은 영이시니 육체로 표현할 수 없는 것은 당연합니다. 그래서 요한은 세상에서 가장 귀하고 빛난 보석으로 그분의 영광을 묘사했습니다(각 보석들의 가치나 종류 그리고 의미 등은 그리 중요하지 않습니다).

2. 보좌에서 음성과 우렛소리가 나왔습니다(5절).

보좌에서 나오는 번개와 음성과 우렛소리는 성부 하나님께서 다스리시는 심판과 진노의 음성입니다.

> "천사가 향로를 가지고 제단의 불을 담아다가 땅에 쏟으매 우레와 음성과 번개와 지진이 나더라"(계 8:5)

보좌에 계신 성부 하나님의 심판을 견딜 자는 아무도 없습니다.

3. 24장로들의 보좌는 성부 하나님의 보좌에 종속되어 있습니다(4, 10절).

24장로들의 보좌가 성부 하나님의 보좌를 둘러 있습니다.

이는 24장로들의 보좌가 성부 하나님의 보좌를 향하여 종속되었다는 의미입니다.

* 24장로는 누구인가?

"또 보좌에 둘려 이십사 보좌들이 있고 그 보좌들 위에 이십사 장로들이 흰 옷을 입고 머리에 금관을 쓰고 앉았더라"(4)

구약 12지파와 신약의 12사도를 상징하는 교회의 대표들입니다.

1) 이들은 흰 옷을 입고 있었습니다.
이들은 어린 양의 피로 죄 씻음을 받은 자들입니다(7:13~14).
신앙의 정절을 지킨 자들, 구원 받은 자로서 믿음으로 도덕적 윤리적 삶을 지킨 자들입니다(3:4).

2) 머리에 금 면류관을 쓰고 있었습니다.
이들이 쓰고 있는 면류관은 임금이 쓰던 왕관(diadem)이 아니라 승리자들이 쓰던 월계관입니다.

3) 24장로들이 보좌에 앉으신 이 앞에 엎드려 경배하고 자기의 관을 보좌 앞에 드렸습니다(10절).
24장로들의 찬송은 교회가 드리는 찬송입니다.
자기의 면류관을 벗어서 드린 것은 24장로들이 자신들은 면류관을 받을 자격이 없고 하나님만이 영광을 받기에 합당하다고 표현한 것입니다(11절).

4. 성부 하나님의 보좌에 켠 등불 일곱이 있었습니다(5절).

여기서 말하는 켠 등불은 횃불 모양의 등불 7개로 성소 안에 있던 일곱 등잔과 다릅니다.

"이는 하나님의 일곱 영이라"(5)

성령님의 성결케 하심을 의미합니다.

5. 보좌 곁의 네 생물이 보좌에 앉으사 밤낮 쉬지 않고 영광과 감사와 존귀를 세세토록 살아계시는 이에게 돌렸습니다(6~9절).

* 네 생물은 무엇인가?(7절)
 첫째 생물은 사자, 둘째 생물은 송아지, 셋째 생물은 얼굴이 사람 같고 넷째 생물은 날아다니는 독수리 같다고 했습니다.

1) 이는 스랍들(사 6:1~3), 그룹들(겔 10:2, 14, 20)로 높은 계급의 천사들입니다.

이들은 다른 천사와 구별되고(5~8, 11; 7:11) 하나님과 가까이 있기 때문입니다(천사들도 계급이 있습니다. 사령관-중간-부하).

2) 사자는 - 강함을
 송아지는 - 섬김과 봉사를
 얼굴모양은 - 이성적 지혜를
 독수리는 - 신속한 명령 수행을 의미합니다.

3) "여섯 날개를 가졌다."
두 날개는 얼굴을 가림으로 하나님을 경외함을,
두 날개는 발을 가림으로 겸손함을,
두 날개는 신속한 명령 수행으로 순종을 의미합니다.

4) "밤낮 쉬지 않고 세세토록 살아 계시는 이에게 영광과 존귀와 감사를 돌렸다."
네 생물의 사명입니다. 이들이 존재하는 이유입니다. 하나님은 24시간 영광과 찬송 그리고 존귀와 감사를 받으시기에 합당하신 분이십니다.

6. 보좌에 앉으신 성부 하나님께서는 모든 영광을 받으시기에 합당하신 유일한 분이십니다(11절).

성부 하나님은 창조주이시기 때문입니다.

모든 만물의 주인이시기에 모든 피조물은 창조주이신 주인께 영광을 돌림이 마땅합니다. 창조주이신 성부께서는 모든 피조물을 "주의 뜻대로" 지으셨습니다. 목적 없이 지으신 것이 하나도 없습니다. 성부께 드리는 최고의 영광은 지으신 목적대로 사는 것입니다.

창조의 목적을 깨닫고 그 목적대로 사는 것이 그분이 원하시는 영광입니다.

청중 적용

사랑하는 여러분!

1. 우리를 다스리시는 보좌가 있습니다.

우리의 삶은 내 마음대로 할 수 있는 것이 아닙니다.

우리에게 문제가 일어나는 것은 나를 다스리시는 보좌를 거스르기 때문입니다.

모든 것은 보좌에서 나옵니다. 보좌에 계신 성부 하나님께서 모든 것을 계획하시고 진행하시고 다스리십니다. 우리가 이 사실을 믿고 보좌 앞으로 나아갈 때 모든 문제들이 해결됩니다.

2. 보좌 앞으로 나아오십시오.

이 땅을 사는 동안 그 분의 보좌는 교회 안에 있습니다.

교회는 성부 하나님의 보좌입니다.

성부 하나님께서는 우리를 만나 주시려고 친히 당신의 보좌를 공개하셨습니다.

1) 예수님은 하나님의 보좌로 나아가는 길입니다.

보좌 곁에 있던 흰 옷을 입은 자들은 예수님의 어린 양의 피로 죄 씻음을 받은 자들입니다. 예수님을 믿고 죄 사함을 받은 자만이 보좌로 나아갈 수 있습니다.

예수님을 믿고 죄 사함을 받지 못한 자들은 보좌에서 나오는 번개와 음성과 우렛소리로 심판을 받습니다.

2) 보좌로 나온 자들은 영광과 존귀와 감사를 돌려야 합니다.

예수님을 믿고 성부 하나님의 보좌로 나온 자들은 그 보좌를 향하여 영광을 돌림이 마땅합니다. 이 땅에서 사는 자들이 보좌에 계신 성부 하나님께 돌리는 영광은 예배입니다.

　예배는 성부 하나님께 드리는 영광과 존귀와 감사입니다.
　이 예배는 영원토록 멈추어서는 안 됩니다.
　이 땅에서도 천상에서도 계속되어야 합니다.

　3) 보좌에 계신 성부 하나님께서는 지금도 지으신 모든 것에 합당한 은혜를 베푸십니다. 당신의 목적대로 사는 자들에게 필요한 모든 것을 채워주십니다.

청중 결단

온 땅이여, 즐거이 찬양합시다!
하나님께 드리는 찬송과 경배를 즐깁시다!

CHAPTER 24

오른손의 두루마리

계 5:1~14

> **두루마리**
>
> 요한의 눈에 하나님의 보좌에 앉으신 이의 오른손이 보였습니다. 자세히 보니 그 오른손에 두루마리가 있는데 안팎으로 썼고 일곱 개의 인으로 봉해져 있었습니다. 여기서 말하는 두루마리란 일종의 책입니다. 당시 파피루스 같은 곳에 글을 써서 보관하던 책을 두루마리라고 불렀습니다.

설교를 이끄는 관점

그런데 이상한 점이 몇 가지 보입니다.

1. 보좌에 앉으신 이의 오른손에 들려져 있던 두루마리가 봉해져 있다는 점입니다.

봉해져 있다는 말은 아무도 볼 수 없도록 그 내용을 숨기고 있다는 말입니다. 두루마리에 글을 남긴 것은 누군가에게 읽혀지기를 원하는 의도입니다. 이 두루마리도 안팎으로 많은 내용이 씌어있는데 왜 그 내용들을 봉한 채 숨겨 놓았을까요? 그 내용을 숨겨 놓을 것이라면 차라리 기록하지 말아야 했습니다.

  2. 2절을 보면 힘 있는 천사가 그 두루마리를 펴서 그 인을 뗄 자를 찾고 있다는 점입니다.
  이상하지 않습니까! 보좌에 앉으신 이, 그 내용을 기록하신 분이 직접 열어서 보이시면 간단한 일인데 따로 그 인을 뗄 자를 왜 찾는 것입니까!

  3. 3절을 보면 하늘 위에나 땅 위에나 땅 아래나 능히 그 두루마리를 펴거나 보거나 할 자가 아무도 없다는 사실입니다.
  도대체 그 두루마리가 무엇이기에 그 두루마리를 떼서 보여줄 자가 이 땅에 아무도 없다는 것입니까!

  4. 이 인을 뗄 자가 없다는 사실을 알게 된 요한은 크게 울었습니다.
  그 두루마리 안에 숨겨진 내용이 무엇인지도 모르면서 요한이 무작정 떼를 쓰는 모습이 당황스럽습니다.

  두루마리는 무엇이며 정말 그 두루마리의 인을 뗄 자는 아무도 없다는 것이 맞습니까!

하나님의 목적으로 해결

아닙니다! 그 두루마리의 내용을 공개할 자가 있습니다. 5절을 보십시오!

"장로 중에 한 사람이 내게 말하되 울지 말라 유대 지파의 사자 다윗의 뿌리가 이겼으니 그 두루마리와 그 일곱 인을 떼시리라"(5)

1. 보좌에 앉으신 이의 오른손에 있는 두루마리는 성부 하나님의 구원 계획과 그 일을 이루시는 과정이 담겨진 책입니다.

이 두루마리 안에는 하나님의 구원 계획이 어떻게, 누구를 통하여, 언제 이루어져 갈 것인지에 대한 것이 기록되어 있습니다. 또한 그 하나님의 구원 계획이 이루어지는 과정에서 어떤 일들이 일어나는지도 상세하게 기록되어 있습니다.

이 세상의 모든 일들은 하나님의 구원 역사를 이루는 과정입니다. 그러므로 이 두루마리 안에 있는 내용을 알아야 하나님의 뜻을 알고, 그 뜻대로 신앙함으로 구원과 하나님의 나라 그리고 합당한 자에게 준비된 상급을 누릴 수 있습니다.

2. 이 두루마리를 뗄 자는 오직 예수 그리스도뿐입니다(5절).

예수님은 하나님의 구원 계획을 이루실 유일한 분이십니다. 예수님은 유대 지파의 사자 다윗의 뿌리에서 오신 약속된 메시아입니다.

3. 이 두루마리는 일찍 죽임을 당하신 어린 양을 통하여 세상에 공개됩니다(6~7절).

일찍 죽임을 당하신 어린 양, 예수 그리스도는 하나님의 구원 계획을 성취하시기 위해서 십자가에 죽임을 당하심으로 구원자로서 하나님의 공의를 만족시키셨습니다. 그 결과 어린 양 예수님은 보좌에 앉으신 이의 오른손에 있는 두루마리를 취하셨습니다(7절).

이제 어린 양 예수님을 통해서 성부 하나님의 구원 계획의 역사, 지상 교회의 역사와 세상의 역사들이 만천하에 증거될 것입니다. 이 두루마리의 내용이 예수님을 통해서 공개된다는 것은 예수님을 통하여 그 내용이 시작되고 마침내 완성된다는 의미입니다.

4. 예수 그리스도를 중심으로 살아야 안전한 삶을 누릴 수 있습니다(9~10절).

예수님은 각 족속과 방언과 백성과 나라 가운데서 두루마리 안에 담겨진 하나님의 택한 백성들을 자기 피로 사서 하나님께 드리시고 그들로 우리 하나님 앞에서 나라와 제사장들로 삼으셨으니 그들이 이 땅에서 왕 노릇 할 것입니다.

예수 그리스도를 놓치면 이 모든 것을 잃어버립니다. 무슨 일이 있어도 예수 안에서, 예수님께 모든 영광과 존귀를 돌리는 삶을 살아야 합니다,

청중 적용

사랑하는 여러분!

1. 세상의 모든 일들은 보좌에 앉으신 이의 오른손에 있는 두루마리 안에 기록된 대로 진행됩니다.

두루마리 안에 기록된 대로 성취됩니다. 하지만 많은 사람들은 이 사실을 알지 못하고 있으며 아는 자들도 보좌에 앉으신 이의 말씀에 따르지 않습니다.

* 세상은 힘 있는 패권자들이 움직이는 것이 아닙니다.
강한 나라와 힘 있는 무기와 엄청난 경제력이 주도하는 것이 아닙니다. 이 사실을 알지 못하기 때문에 패권을 가진 자 앞에 엎드리며 더 강한 무기와 경제력을 가지기 위해서 싸우고 있습니다.

* 나라와 개인의 역사가 동일합니다.
우리 각자의 삶도 다르지 않습니다.
그래서 모두가 힘만 가지려고 합니다.

* 이김의 비결은 무엇일까요?
진정한 힘을 가지는 비결은 무엇일까요?

2. 예수 그리스도가 힘입니다!

예수님을 소유한 나라와 백성들이 궁극적으로 승리합니다.

1) 성부 하나님은 예수 그리스도께 모든 것을 맡기셨습니다.
성부의 오른손에 있던 두루마리는 이제 어린 양 예수님의 손에 있습니다. 예수님을 붙잡는 것이 하나님의 계획을 바로 아는 길이며 승리하는 비결입니다.

2) 어린 양 예수님은 자기 피로 사신 자들을 끝까지 버리지 않습니다.

각 나라와 족속들 가운데 자기 피로 사신 자들을 세상 끝나는 날까지 보호하시고 그들이 왕 노릇할 때까지 함께 하십니다.

3) 예수님을 놓치면 모든 것을 놓치게 됩니다.

하나님은 예수 안에서 모든 것을 이루십니다. 어떤 경우에도 예수 안에 있는 자들은 성부 하나님의 진노와 심판에서 구원을 받습니다.

청중 결단

하나님 중심 → 예수님 중심 → 교회 중심은
말세를 살아가는 성도들의 삶의 원리여야 합니다.

CHAPTER 25

죽임을 당하는 어린 양

계 5:1~14

> **어 린 양**
>
> 요한계시록은 요한이 성령님의 이끄심으로 바라본 천상세계에 대한 기록입니다.
> 그는 처음 소아시아 일곱 교회에 대한 예수님의 책망과 염려와 칭찬을 기록했습니다. 그리고 그는 보좌 곁에 서 있는 어린 양을 보았습니다.

설교를 이끄는 관점

"내가 또 보니 보좌와 네 생물과 장로들 사이에 한 어린 양이 서 있는데 일찍이 죽임을 당한 것 같더라"(6)

여기서 말하는 보좌는 어디일까요?
그리고 왜 보좌 곁에 어린 양이 서 있습니까?
보좌 곁에 서 있는 어린 양의 모습을 자세히 보니 몇 가지 이상한 점이 있습니다.

1. 일찍이 죽임을 당한 것 같다고 했습니다.

보좌 곁에 서 있던 어린 양은 병들어 죽거나 늙어서 죽은 것이 아니라 누군가에 의해서 일찌감치 죽임을 당했다고 합니다.

그렇다면 누가 이 어린 양을 강제로 죽였단 말입니까?

누군가 일부러 죽였다면 무슨 이유로 어린 양을 죽인 것일까요?

2. 이 어린 양은 일곱 뿔과 일곱 눈이 있다고 했습니다.

양에게는 일곱 뿔과 일곱 눈이 있을 수 없습니다.

상상을 해 보십시오. 누가 이런 모습을 보고서 어린 양의 모습이라고 하겠습니까?

왜 이 어린 양은 이런 모습을 하고 있을까요?

3. 이 어린 양이 서 있는 장소, 위치가 이상합니다.

"보좌와 네 생물과 장로들 사이에 한 어린 양이 서 있더라"(6)

여기에 보좌와 그 곁에 있던 네 생물과 장로들은 무엇일까요?

왜 이 어린 양은 이들 사이에 서 있는 것일까요?

"한 어린 양"이란 유일한 어린 양이란 의미입니다.

이 어린 양 외에는 다른 어린 양이 없다는 말입니다.

오늘 우리는 이 보좌 곁에 서 있던 일찍 죽임을 당한 어린 양의 숨겨진 사연을 찾아서 함께 은혜를 나누려고 합니다.

하나님의 목적으로 해결

보좌 곁에 서 있는 일찍 죽임을 당한 한 어린 양은 바로 우리의 죄를 지시고 십자가에서 죽임을 당하신 하나님의 어린 양 예수 그리스도입니다. 이 어린 양이 보좌 곁에 서 있는 것은, 보좌에 앉아 계신 성부 하나님의(공의를 만족시키셔서) 구원 계획을 완성하셨다는 의미입니다.

어린 양 되신 예수님은 하나님 아버지의 구원 계획을 이루시려고 이 땅에 오셨고, 그 구원 계획을 완성하시려고 십자가에 죽임을 당하셨고, 하늘에 오르사 본래 성자 예수님의 자리에 서 계셨습니다.

"한 어린 양"(6)

성부 하나님의 구원 계획을 이루신 분은 오직 예수님 한 분 밖에는 없습니다.

1. 그가 죽임을 당하신 것은 우리의 죄 때문입니다.
그래서 이사야는 일찍이 죽임을 당하실 어린 양 예수님의 모습을 다음과 같이 표현했습니다.

"그가 찔림은 우리의 허물 때문이요 그가 상함은 우리의 죄악 때문이라… 우리 모두의 죄악을 그에게 담당시키셨도다"(사 53:5~6)

이사야의 고백은 우리의 허물이 그를 찌르고 우리의 죄악이 그를 상하게 하여 우리가 그를 일찍 죽임을 당하게 했다는 사실적 고백입니다.

이 보좌 곁에 서 있는 어린 양 예수 그리스도는 우리에게 죽임을 당하셨습니다.

2. 죽임 당하신 어린 양 예수님만이 성부 하나님의 구원 계획을 완성하신 유일한 구원자이십니다.

요한은 보좌에 앉으신 이의 오른손에 있는 두루마리를 보았습니다. 그런데 그 두루마리는 일곱 인으로 봉해져 있었습니다. 아무도 그 내용을 볼 수 없도록 그 내용을 숨겨 놓았습니다. 이 사실을 안타까워하던 요한은 눈물을 흘리며 인을 떼고 그 내용을 공개할 자를 찾았지만 아무도 없었습니다.

그런데 5절을 보면,

> "장로 중의 한 사람이 내게 말하되 울지 말라 유대 지파의 사자 다윗의 뿌리가 이겼으니 그 두루마리와 그 일곱 인을 떼시리라"(5)

* 여기서 두루마리는 하나님의 구원 계획이 담긴 섭리의 책입니다.

예수님은 우리 죄를 지시고 죽임을 당하심으로 하나님의 구원 계획을 만천하에 공개하실 자격을 가지셨습니다. 일찍 죽임을 당하신 어린 양 예수님은 성부 하나님의 구원 계획을 집행하시는 모든 권한을 가지신 분이십니다.

그 두루마리 안에는 창세 이래 예수 그리스도 안에서 구원 받은 하나님의 자녀들 이름과 그들이 이 땅에서 행한 모든 것들이 기록되어 있습니다. 두루마리는 생명책이며 영생 얻을 자들이 받을 상급이 기록된 책입니다(계 22:18~19).

3. 죽임 당하신 어린 양 예수 그리스도는 성령님과 함께 성부 하나님의 구원 계획을 성취하십니다.

뿔은 권능을 상징합니다(계 17:12). 일곱 눈은 세계를 두루 감찰하시는 성령님(슥 4:10) 이십니다. 성령님은 세계 도처에 있는 두루마리 안에 기록된 성부 하나님의 택한 백성들을 일곱 눈으로 두루 찾으셔서 그가 어린 양 예수 그리스도를 믿고 구원에 이르도록 역사하십니다.

보좌 곁에 서 계신 어린 양 예수님은 성령님과 함께 구원을 완성하십니다.

청중 적용

사랑하는 여러분!

1. 천상에 계신 예수님의 모습을 왜 일찍이 죽임을 당하신 어린 양의 모습으로 기록하게 하셨을까요?

이미 부활하시고 승천하셔서 보좌 곁에 서 계시는 영광을 얻으셨는데 예수님을 이런 모습으로 계시하신 것이 이상하지 않으십니까?

* 중요한 사실 하나를 기억해야 합니다.

원문에는 "일찍"이라는 말은 없습니다. 헬라어 완료시상으로 기록되어 있습니다.

완료시상이란 과거에 완료된 동작이나 흔적의 영향을 표현할 때 쓰입니다. 쉽게 말하면 예수님의 지상에서 죽임을 당하신 흔적이 천상까지 영향을 미치고 있다는 말입니다. 예수님의 죽으심은 끝이 아니라 현재와 내세에 구원의 영원한 영향을 주고 계십니다.

우리가 천국에 가면 이 어린 양 예수님의 죽임 당한 흔적을 보고 이분이 나를 위하여 죽임을 당하신 예수님이시구나! 이렇게 그분을 알아본다는 말입니다. 그래서 우리는 그분에게 세세토록 영광을 돌리게 됩니다.

2. 우리도 이 어린 양의 죽임을 당한 흔적을 가져야 합니다.

고난이 없는 복음은 복음이 아닙니다.

예수님의 고난의 흔적이 없는 복음은 구원에 이르는 효력이 없습니다.

1) 내 죄로 인해 예수님께서 고난과 죽음으로 던졌다는 사실을 인정하고 예수님을 구원의 유일한 방법으로 받아들이십시오.

내가 예수님을 이렇게 받아들일 때 내 안에도 예수님의 흔적이 새겨집니다(갈 6:17). 나를 향한 고난, 나를 향한 죽으심으로 믿고 예수님을 향한 믿음의 고백과 믿음의 삶을 살아야 합니다.

2) 죄를 멀리해야 합니다.

고난과 죽으심의 원인은 죄였습니다. 죄와 싸우고 죄를 이기는 삶을 살아야 합니다.

죄와 싸우려면 단단히 무장해야 합니다. 죄는 쉽게 무너지지 않습니다. 그리고 넘어졌을 때는 빨리 회개하고 일어서야 합니다. 죄를 끊어내지 못하면 고난은 멈추지 않습니다.

3) 두루마리 안에 내 이름이 있습니다.
예수 안에 있는 생명책에 내 이름이 있습니다.
영생의 기쁨과 생명력으로 당당하게 신앙생활을 하십시오.

4) 모든 존귀와 영광을 오직 예수님께 돌리십시오.
이것이 내가 살아야 할 이유이고 목적입니다.

청중 결단

고난주간 특별 새벽기도회는 예수님의 흔적을 새기는 시간입니다.
매일 새벽마다 내 안에 예수님의 흔적을 새기며 예수님을 따라갑시다.

CHAPTER 26

인을 떼시다
계 6:1~17

> **인**
>
> 계시록 6장부터는 본격적인 환상 즉 어떤 상징을 통하여 하나님께서 말씀하시려는 현상들이 나타나고 있습니다.
> 요한계시록 6장은 일곱 인에 대한 환상입니다. 정확히 말하면 여섯 인에 대한 하나님의 계시입니다. 일곱째 인은(8:1~2) 구체적인 내용이 없습니다.

설교를 이끄는 관점

"내가 보매 어린 양이 일곱 인 중의 하나를 떼시는데"(1)

여기서 말하는 "인"은 봉인한다는 의미입니다.

어떤 내용을 숨기기 위해 다른 사람들이 열어보지 못하도록 봉인하는 부분을 말합니다. 어떤 내용이 기록되어 있기에 아무도 보지 못하도록 꼭꼭 봉인한 것일까요?

6장 전체를 보면 그 내용을 한꺼번에 공개하지 않고 하나씩 차례차례 인을 떼는 모습이 나옵니다. 꼭 이렇게 하는 무슨 이유라도 있는 것일까요?

많은 설교자들이 6장을 "인 재앙"이라고 부릅니다.
그렇다면 인을 하나씩 뗄 때마다 재앙이 공개되거나 쏟아진다는 말입니다.
그래도 인을 떼야 되는 것입니까?

하나님의 목적으로 해결

요한계시록 6장에 기록된 인에 대한 환상은 성부 하나님의 손에 들려있던 두루마리의 내용을 공개하는 과정입니다. 이 내용들은 성부 하나님의 구원 계획이 이루어지는 과정에서 나타나는 일들을 담고 있습니다. 즉 성부 하나님께서 계획하신 구원 계획이 성취되는 동안 세계 도처에서 어떤 일들이 일어나는지를 담고 있습니다.

하나님께서는 요한계시록 6장을 통해서 예수님의 초림부터 종말까지 온 세계에 반복적으로 일어날 일들을 하나씩 보여주고 있습니다.

1. 인을 떼시는 어린 양(1절).

성부 하나님의 구원 계획을 처음부터 마지막까지 성취하실 분은 어린 양 예수 그리스도입니다. 그래서 이 인을 뗄 자는 어린 양 예수님 외에는 아무도 없습니다.

성부 하나님은 어린 양 예수님을 통해서 감추어진 구원 계획을 이루십니다.

2. 첫째 인(1~2절).

하나님의 구원 계획이 이루어지는 과정에는 수많은 어려움들이 일어나게 됩니다. 성부 하나님께서는 제일 먼저 복음전파운동이 궁극적으로 승리하게 될 것을 미리 보여주심으로 앞으로 복음전파 현장에서 일어나는 환난들을 대비하고 끝까지 견딜 것을 보여주셨습니다.

여기서 "흰 말 탄 자"는 예수 그리스도입니다.

예수님은 복음운동의 선두에 서신 분이시며 궁극적 승리를 하실 분이십니다.

예수님께서는 이미 죽음을 이기시고 승리의 면류관을 쓰셨습니다. 예수님은 복음전파 현장에서 어려움도 있지만 이기고 또 이기도록 역사하시는 승리자이십니다.

* 인에 대한 환상은 전체적으로 이 땅에 나타날 재앙과 어려움을 말하는데 제일 먼저 흰 말을 탄 자, 예수님의 승리를 말하는 것이 앞뒤가 맞지 않는 것처럼 여겨질 수 있습니다.

하지만 복음이 궁극적 승리를 거둘 때까지 이 땅에서 겪는 어려움들도 일종의 환난이고 재앙입니다. 성부 하나님은 환난을 당하는 교회나 성도들이 승리에 대한 확고한 믿음으로 이후에 나타날 어려움들도 이겨내기를 원하십니다.

* "흰 말을 탄 자"를 적그리스도로 해석하는 사람도 있습니다.

모든 성경을 해석할 때는 전체를 보는 시각이 있어야 합니다. 특별히 계시록은 더욱 그렇습니다.

3. 둘째 인(3~4절).

두 번째 인을 떼실 때 "붉은 말"이 나타났습니다.

여기서 붉다는 말은 불이 타오르듯이 붉다는 의미입니다.

이는 이 땅에서 격렬한 핍박이 일어날 것을 말합니다.

이어지는 말씀에서 "허락을 받아 땅에서 화평을 제하여 버리며 서로 죽이게 하고 큰 칼을 받았더라"고 했습니다. 하나님의 허락 하에 일어날 큰 핍박으로 서로 죽이는 큰 환난을 말합니다.

예수님께서도 마태복음 10:3~4절에 내가 세상에 화평을 주러 온 것이 아니라 검을 주러 왔다고 하셨는데 역시 복음운동을 이루는 과정에 칼을 휘두르는 위험과 환난이 있음을 말씀하셨습니다.

4. 세 번째 인(5~6절).

세 번째 인을 뗄 때에 "검은 말"이 나왔다고 했는데 이는 "기근"을 의미합니다. 복음운동이 전개되는 동안 경제적인 압박이 일어날 것을 보여주셨습니다.

이어 나오는 말씀에서 다음과 같이 말씀하십니다.

"한 데나리온에 밀 한 되요 한 데나리온에 보리 석 되로다"(6)

한 데나리온은 일꾼의 하루 품삯입니다. 품꾼이 하루 벌어서 밀 한 되 밖에 살 수 없고, 보리 석 되 밖에 살 수 없다면 어찌 되겠습니까! 이는 겨우 한 사람 먹기도 힘든 식량으로 온 가족이 생계를 유지하기에는 극도의 경제적 어려움이 있을 것임을 말하는 것입니다.

하지만 "감람유와 포도주는 해치지 마라"는 말씀에서 보듯이 기근 중에도 베푸시는 긍휼이 있음을 보여줍니다. 진노 중에도 풍족함을 누리는 자들이 있다는 말씀입니다.

5. 네 번째 인(7~8절).

네 번째 인을 뗄 때에 "청황색 말"이 나왔습니다. 여기서 말하는 청황색은 죽은 자들에게서 나타나는 색을 말합니다. 바로 죽음의 재앙을 의미합니다. 그 탄 자의 이름을 "사망"이라고 한 데서 확실히 알 수 있습니다.

"그들이 땅 사분의 일의 권세를 얻어 검과 흉년과 사망과 땅의 짐승들로써 죽이더라"(8)

땅의 1/4이 죽습니다. 이들이 죽음에 이르는 방법은 다양합니다.

전쟁으로 죽을 수 있고, 질병과 이름 모를 원인들에 의해서 죽임을 당할 수 있습니다. 하지만 3/4이 남아있습니다. 여전히 긍휼을 입은 자들이 있습니다.

* 첫째 인~네 번째 인까지 보여주신 환상(재앙)들은 아담 이

후 이 세상 역사가 끝날 때까지 전 역사에 걸쳐서 일어나는 일들입니다.

6. 다섯 번째 인(9~11절).

다섯째 인이 떼어질 때 하늘에 있는 순교자들의 모습들이 나타났습니다.

제단 아래서 하나님의 말씀과 그들이 가진 증거로 말미암아 죽임을 당하는 영혼들을 보았습니다. 정확히 말하면 죽임을 당한 자들의 영혼을 보았습니다.

이들은 복음을 증거하다가 죽임을 당한 순교자들입니다.

이들은 이 땅에 하나님의 공의가 이루어지기를 계속적으로 호소했습니다.

이들에게는 억울함이 없습니다. 천상에는 억울함을 느끼는 자가 있을 수 없습니다(창 4:8, 마 23:35, 히 12:24).

이어서 하나님은 이 땅에서 복음을 증거하다가 순교하는 자들이 더 차야 한다고 하셨습니다(11절). 아직 세상에서 복음을 증거해야 할 시간이 남아있다는 말씀입니다. 세상 역사는 아직도 하나님의 긍휼하심을 받을 기회가 있습니다.

7. 여섯째 인(12~17절).

여섯째 인은 세상 종말, 끝날에 관한 환상입니다.
도처에서 지진과 천체의 이상이 일어날 것을 말씀하셨습니다.
1) 12절-지진과 해와 달의 변화
2) 13절-하늘의 별들의 변화(계 32:7~8, 욜 2:10, 사 13:10)
3) 14절-하늘의 변화(사 34:4)

4) 15~17절-하나님의 진노를 이기고 설 자는 아무도 없다.

예수 그리스도를 믿는 자 외에는 이런 진노에서 능히 설 자는 아무도 없습니다.

청중 적용

사랑하는 여러분!
1. 지금 우리 주변에서 일어나는 일들은 우연이 아닙니다.
계 6장에서 이미 말씀하신 인의 환상대로 세계역사가 진행되고 있습니다.

* 복음운동이 계속되는 현장마다 예상치 못한 어려움들이 일어나고 있습니다. 궁극적으로 교회가 세워지지만 그 과정에 견디기 힘든 재난과 재앙들이 있습니다.

* 사람들은 복음을 위한 고난과 재난들을 피하고 싶어합니다. 눈에 보이는 어려움을 이겨내지 못하고 포기하고 절망하는 경우도 적지 않습니다.

* 곁에서 함께 하던 자들이 목숨이라도 잃을 때는 모든 것을 놓아버리기도 합니다.

문제는 이 모든 것이 피할 수 없는 과정이라는 사실입니다.
여러분은 신앙 과정에서 찾아오는 극심한 고난들과 어려움들을 어떻게 이겨내고 있습니까?

2. 승리는 우리 것입니다!

예수님께서 흰 말을 타시고 승리의 면류관을 준비하고 기다리고 계십니다.

1) 눈앞에 보이는 현실에 주저하지 마십시오!
사탄은 육신의 것들을 미끼로 복음운동과 신앙생활을 방해합니다. 때로는 도저히 감당할 수 없을 만큼의 핍박과 기근 그리고 사망의 위협이 찾아와도 믿음으로 이겨내기를 바랍니다.

예수님의 승리를 바라보십시오!
믿음 지킨 자에게 주시는 생명의 면류관을 바라보십시오!

2) 복음운동은 계속되어야 합니다.
복음운동이 아니라면 이 세상은 벌써 끝이 났습니다. 아직도 구원 받아야 할 자들이 있기에 하나님의 사람들이 차기까지 복음운동을 계속해야 합니다.

3) 우리의 끝은 하나님의 나라입니다.
성부 하나님은 순교자들을 기다리고 계십니다. 그래서 요한의 눈을 열어 천상에서 기다리시는 성부 하나님의 심정을 공개하셨습니다.

청중 결단

우리가 세상을 이길 힘은 오직 하나!
복음 전하는 일입니다.
복음을 전할 때 계 6장에서 보여주신 모든 재앙을 이겨낼 수 있습니다!

CHAPTER 27

그 인 맞은 자를

계 7:1~17

> **인**
>
> 계시록 안에는 우리의 상식으로는 도저히 이해할 수 없는 내용들이 많이 있습니다. 계 7장도 그런 내용 중 하나입니다. 계 7장은 여섯째 인과 일곱째 인 사이에 있습니다. 2절 "또 보매 다른 천사가 살아계신 하나님의 인을 가지고 해 돋는 데로부터 올라왔다."

설교를 이끄는 관점

여기서 말하는 "인"이란 무엇입니까?

천사가 하나님의 인을 가지고 해 돋는 데로부터 올라왔다고 하는데 정확히 해 돋는 데는 어디를 말하는 것입니까? 그리고 하나님의 인을 왜 천사가 가지고 다닙니까?

4절에 이렇게 말씀하십니다.

"내가 인침을 받은 자의 수를 들으니 이스라엘 자손의 각 지파 중에서

인침을 받은 자들이 십사만 사천이니"(4)

이상하지 않습니까?

왜 하나님의 나라에 있는 인침 받은 자의 수가 십사만 사천뿐이며, 이스라엘 외에는 인침 받은 나라와 백성들이 없습니까?

도대체 여기에 나오는 "인" 맞은 자들은 누구입니까?

그리고 정확하게 인을 친다는 말은 무슨 의미입니까?

하나님의 목적으로 해결

3절에 보면 인을 친다는 말의 의미가 정확히 나타나고 있습니다.

"우리가 우리 하나님의 종들의 이마에 인치기까지"(3)

인 맞은 자들은 한마디로 "하나님의 종들"이란 표식을 하는 것입니다. 하나님께서 당신의 소유된 백성이라는 표식으로 이마에 인을 치십니다.

그러므로 인 맞은 자들은 하나님의 소유된 백성이며, 하나님께서 그 누구에게도 그를 빼앗기지 않는다는 절대 안전의 표식이며 구별된 자, 거룩한 하나님의 백성임을 알리는 표식입니다.

1. 누구에게 인을 치십니까?

"내가 말하기를 내 주여 당신이 아시나이다 하니 그가 나에게 이르되 이는 큰 환난에서 나오는 자들인데 어린 양의 피에 그 옷을 씻어 희게

하였느니라"(14)

어린 양의 피에 그 옷을 씻어 희게 된 자들에게 인을 칩니다. 예수를 구주로 믿을 때 하나님의 천사들이 각 사람마다 인을 쳐서 구원 받은 하나님 백성의 구별 된 표식을 합니다. 이것이 인을 친다는 말입니다.

바로 예수님을 영접하여 구원의 확신을 가진 자들에게 하나님의 소유임을 다시 한 번 확증하는 절차입니다.

2. 하나님의 인을 받은 자들의 그 숫자가 나오는데 "십사만 사천" 명입니다.

> "이스라엘 자손의 각 지파 중에서 인침을 받은 자들이 십사만 사천이니"
> (4)
> "각 나라와 족속과 백성과 방언에서 아무도 능히 셀 수 없는 큰 무리가 나와 흰 옷을 입고 손에 종려가지를 들고 보좌 앞과 어린 양 앞에 서서"(9)

이들은 이 땅에서 예수 그리스도를 믿고 구원 받은 자들입니다. 여기서 "십사만 사천"은 이스라엘 각 지파에서 구원 받은 사람들만을 의미하는 것이 아닙니다. 9절에서 나오는 "각 나라와 족속과 백성과 방언에서 아무도 능히 셀 수 없는 큰 무리"를 의미하는 상징적인 숫자입니다.

* 꼭 십사만 사천 명만을 구원 받는다고 말하면 성경을 잘못 해석하는 것입니다.

십사만 사천 명은 창세 이래 구원 받은 모든 하나님의 종들, 인 맞은 자들의 상징적인 숫자입니다.

3. 어디에 인을 칩니까?

"하나님의 종들의 이마에 인을 치기까지"(3)
"십사만 사천이 서 있는데 그들의 이마에는 어린 양의 이름과 그 아버지의 이름을 쓴 것이 있더라"(계 14:1)

"이마에 인을 쳤다"고 합니다. 이마는 인격을 의미하며 우리의 구원이 인격의 지성소에 새겨져 있다는 의미입니다.

또 하나는 타락함으로 잃어버린 하나님의 형상을 새롭게 회복했다는 의미도 있습니다. 그러므로 인 맞은 자들은 구원받은 이후에 인격이 변하고 하나님의 형상을 회복한 삶을 사는 자들입니다.

4. 인 맞은 자들의 이마에는 무엇이 새겨져 있습니까?

"그들의 이마에는 어린 양의 이름과 그 아버지의 이름을 쓴 것이 있더라"(계 14:1)
"약속의 성령으로 인치심을 받았으니"(엡 1:13)
"하나님의 성령을 근심하게 하지 말라 그 안에서 너희가 구속의 날까지 인치심을 받았느니라"(엡 4:30)

구원 받은 자들의 이마에는 성부 하나님의 인과 어린 양 예수 그리스도의 인과 성령의 인이 새겨져 있습니다. 이는 구원 받은 자들이 성부 하나님을 아버지로, 어린 양 예수 그리스도를 구원의 주로, 성령의 이끄심을 고백하는 살아 있는 신앙인들이라는 의미입니다.

구원 받는 자들의 이마, 인격에 새겨진 분명한 신앙고백이 구원 받은 자들의 표식이며 증거입니다. 그래서 이들은 이 땅에서부터 영원히 성부 하나님과 성자 예수님과 성령 하나님을 찬송합니다.

5. 인 맞은 자들은 어떻게 삽니까?

"큰 소리로 외쳐 이르되 구원하심이 보좌에 앉으신 우리 하나님과 어린 양에게 있도다 하니 모든 천사가 보좌와 장로들과 네 생물의 주위에 서 있다가 보좌 앞에 엎드려 얼굴을 대고 하나님께 경배하여 이르되 아멘 찬송과 영광과 지혜와 감사와 존귀와 권능과 힘이 우리 하나님께 세세토록 있을지어다 아멘 하더라"(10~12)

인 맞은 자들의 특징은 날마다 그의 입으로 예수 그리스도께로부터 받은 구원을 고백합니다. 그의 입으로 예수님의 죽으심과 부활을 이 땅에서부터 영원히 찬송합니다. 모든 영광을 세세토록 살아계신 하나님께 돌립니다. 인 맞은 자들은 이 땅에서 예배자의 삶을 통하여 그가 인 맞은 자임을 모두에게 나타냅니다.

6. 인 맞은 자들의 최후는 어떠할까요?

"그들이 다시는 주리지도 아니하며 목마르지도 아니하고 해나 아무 뜨거운 기운에 상하지도 아니하리니 이는 보좌 가운데에 계신 어린 양이 그들의 목자가 되사 생명수 샘으로 인도하시고 하나님께서 그들의 눈에서 모든 눈물을 씻어 주실 것임이라"(16~17)

한마디로 이 땅에서 복음 운동으로 인하여 받았던 모든 수고와 고단함을 깨끗이 씻어주시고 예수님께서 친히 목자가 되셔서 생명수 샘으로 인도하여 영생을 누리며 다시는 눈물이 없는 행복한 시간을 영원토록 누리게 하십니다.

청중 적용

사랑하는 여러분!
1. 인 맞은 자들에 대한 오해가 있습니다.
"십사만 사천"을 문자적으로 해석하여 반드시 십사만 사천 명 안에 들어와야 구원 받을 수 있다고 주장하는 자들이 있습니다. 이러한 주장은 대단히 잘못된 해석이며 성경의 진리를 왜곡하여 하나님의 말씀을 자기 임의로 주관하려는 것으로 하나님을 대적하는 행위입니다.

이들의 말대로 문자적인 해석을 한다면,
* 이스라엘 각 지파 외에는 누구도 구원을 얻을 수 없습니다.
* 십사만 사천 명을 정확히 그 숫자를 헤아려 더 이상 복음운동을 하지 말아야 합니다. 하지만 누구도 그 숫자를 정확히 아는 자들이 없습니다. 이런 주장을 하는 자들도 숫자를 세거나 알고 있는 자들이 단 한 사람도 없습니다.
다만 십사만 사천 명에 들어오라고 조급함과 협박만을 조장할 뿐입니다.
* 신천지는 십사만 사천 명에 들어와야 구원에 이를 수 있다고

각 지파의 이름을 내세워서 마치 자신들이 이스라엘 각 지파나 된 것처럼 떠들고 있습니다.

또한 십사만 사천 명에 들어와야 한다며 온갖 거짓말과 거짓 가르침으로 사람들의 헌신(몸, 물질, 기존 교회를 어지럽히는 일 등)을 강요하고 있습니다.

* 이들은 건전한 교회들을 노골적으로 비방하며 자신들 외에는 구원이 없다고 합니다. 오직 이만희 교주만이 하늘에서 온 참 목자고 기존 교회 목사들은 거짓 목자라고 이간을 조장합니다. 이는 절대로 믿고 따라서는 안 되는 일입니다. 단 한 사람도 거짓의 무리에 동참해서는 안 됩니다.

2. 구원은 오직 예수뿐입니다.

"어린 양의 피에 그 옷을 씻어 희게 하였느니라"(14)

예수님의 보혈로 구원 받은 자들만 영원한 하나님의 나라에 들어갈 수 있습니다.
이들이 진정한 십사만 사천 명이며 인 맞은 자들입니다.

1) 환난을 이겨야 합니다.
믿음을 위협하는 세력들을 이겨야 합니다. 이 땅에는 믿음을 무너뜨리려는 큰 환난의 세력들이 있습니다. 이들에게서 믿음을 지키는 자만이 구원을 얻습니다.
큰 환난이란, 교회와 성도들의 신앙을 무너뜨리려는 사탄의 세력으로 그 세력이 대단하여 바른 믿음으로 분별하지 않으면 이들을 이기는 일이 쉽지 않습니다.

2) 교회를 떠나서는 안 됩니다.
교회는 인 맞은 자들이 하나님의 나라에 갈 때까지 하나님의 백성들을 보호하기 위하여 세우신 하나님의 집입니다.
인 맞은 자들은 오직 교회를 중심으로 하나님을 예배하고 날마다 어린 양의 피로 그 옷을 씻는 자들입니다. 하나님의 인 맞은 자들은 어떤 경우에도 교회를 떠나지 않습니다. 어떤 이단의 유혹에도 넘어가지 않습니다.
예수님은 교회를 중심으로 구원을 이루십니다.

3) 말씀을 거스르는 자들을 멀리해야 합니다.
개인적으로 말씀을 가르치거나 기존 교회를 비방하고 비난하는 자들의 음성을 대적해야 합니다. 사탄은 말씀을 잘못 해석함으로 성도들을 미혹합니다. 오직 교회에서 가르치는 것 외에는 누구의 권고도 거절해야 합니다.

청중 결단

구원의 확신을 가지십시오!
구원의 확신이 거짓과 이단을 이기는 필수 무기입니다!

CHAPTER 28

성도의 기도

계 8:3~5

> **기 도**
>
> 신앙생활에서 가장 많이 강조하는 것이 있다면 당연히 기도라고 할 것입니다. 기도에 대한 이야기는 성경 안에 너무도 많습니다. 예수님께서 이 땅에 계시는 동안 기도의 본을 보여 주셨고 기도하라는 적극적인 메시지를 많이 주셨습니다.
>
> 하지만 우리의 현실은 기도를 해야 한다는 사실은 인정하면서도 기도하는 적극적인 모습은 그리 많지 않습니다. 아마도 기도에 대한 여러 의문들 때문입니다.

설교를 이끄는 관점

기도에 대한 의문점들은
1) 하나님께서 정말 내 기도를 들으시는가?
내 기도를 들으신다면 왜 응답이 없거나 더디 이루어지는가?
2) 기도의 응답은 공평하게 이루어 주시는가?
아니면 응답 받는 사람의 기준이 따로 있는가?

우리는 기도에 대한 이런저런 갈등이 있습니다.

오늘 우리는 이런 우리의 갈등과 의문점들을 해결 받으려고 합니다.

하나님의 목적으로 해결

기도는 반드시 응답됩니다.

이유는, 우리의 기도가 하나님께 올리워지고 하나님께서는 그 결과를 반드시 주신다고 약속하셨기 때문입니다.

> "또 다른 천사가 와서 제단 곁에 서서 금 향로를 가지고 많은 향을 받았으니 이는 모든 성도의 기도와 합하여 보좌 앞 금 제단에 드리고자 함이라 향연이 성도의 기도와 함께 천사의 손으로부터 하나님 앞으로 올라가는지라"(3~4)

하나님께서는 우리가 드리는 모든 기도를 금 향로에 담아서 받으십니다. 우리가 드리는 모든 기도가 하나님 앞에 접수된다는 사실을 믿으시기 바랍니다.

1. 천사를 제단 곁에 두셔서 우리의 기도를 계속해서 금 향로에 담으십니다(3절).

여기서 등장하는 천사는 우리의 기도를 받으시려고 보내신 천사입니다. 이 천사는 제단 곁에 서서 계속해서 성도의 기도를 금 향로에 담아서 하나님께 드릴 준비를 합니다.

이 천사가 서 있는 제단 곁은 어디일까요?

구약의 성도들은 제단에서 제물을 드림으로 하나님과 교제했습니다. 하지만 예수님께서 십자가에 죽으심으로 이 제단이 더 이상 하나님과의 교제의 장소가 아님을 선언하셨습니다. 신약 성도들은 하나님과 교제하는 장소가 제단이 아니라 예수님께서 피 흘려 세우시고 예수님께서 직접 제단이 되어 주신 교회입니다. 교회는 하나님께 드리는 모든 기도가 금 향로에 담겨지는 곳입니다.

2. 성도의 기도는 금 향로에 담겨서 하나님께 올려집니다(4절).

제단 곁에 서서 성도들의 기도를 금 향로에 담은 천사는 자신이 담은 성도들의 기도를 하나님께 올려드립니다.

* 여기 등장하는 천사는 하나님의 임무를 감당하기 위한 수종자일뿐 우리의 기도에 어떤 영향을 미치는 존재가 아닙니다. 성도의 기도를 금 향로에 담아서 올리는 사명만 이룰 뿐입니다. 우리는 천사에 대해 어떤 특별한 해석이나 의미를 부여해서는 안 됩니다. 우리의 기도를 올리는 일에 돕는 자요, 하나님이 시키는 일을 수종드는 자일뿐입니다.

하나님께 올려지는 것이 4절에 나옵니다.

> "향연이 성도의 기도와 함께 천사의 손으로부터 하나님 앞으로 올라가는지라"(4)

하나님께 올려지는 것이 두 가지입니다.

* 향연-향기로운 제물입니다.

우리가 하나님께 드리는 제물, 헌금과 헌신입니다(제물=향기로운 냄새라/레 1장).

* 성도의 기도-우리가 교회에서 드리는 모든 기도가 천사의 손에 의해서 금 향로에 담겨져 하나님께 올려집니다. 하나님께 올려진다는 것은 하나님께서 성도의 기도 전부를 알고 계신다는 의미입니다.

3. 성도의 기도는 반드시 응답됩니다(5절).

5절에 천사가 땅에 쏟아 놓은 것들은 하나님께서 성도의 기도를 들으시고 주신 응답들입니다.

"우레와 음성과 번개와 지진이 나더라"(5)

이는 성도의 기도 결과가 불신 세상에 나타나는 과정을 의미합니다.

하나님께서 성도의 기도를 들으시고 응답하신 결과는 불신 세력들을 향하여 심판의 형태로 나타나고 있습니다.

4. 그래서 예수님께서는 우리가 계속 기도할 것을 당부하셨습니다.

1) 눅 18:1~8 - 낙심하지 말고 기도하라.
2) 눅 21:34~36 - 깨어서 기도하라.
3) 마 6:9~11 - 이렇게 기도하라.

기도를 가르치시고 계속해서 기도하게 하셨습니다.

청중 적용

사랑하는 여러분!

1. 기도에 대한 우리의 생각들

* 기도에 대한 부담들이 있습니다.
  기도하지 않으려니까 부담입니다. 작정하고 기도하면 기도는 부담이 아니라 복된 시간입니다.

* 응답에 대한 불신이 있습니다.
  이는 하나님에 대한 불신입니다.
  하나님을 바르게 신뢰하는 자는 응답에 대한 불신이 없습니다.

* 기도에 대한 막연한 생각들을 버려야 합니다.
  기도에 대한 분명한 신앙과 삶이 있어야 기도의 결과도 있습니다.
  기도는 반복되는 주문이 아닙니다.
  살아계신 하나님께 올려드리는 나의 삶의 내용입니다.
  건성과 억지는 있을 수 없습니다.

2. 지금도 내 기도는 응답되고 있습니다.

하나님은 반드시 기도의 결과를 주십니다.
기도의 결과를 주시기 위해서 나의 대적자들을 향하여 심판의 권세를 나타내십시오.

1) 예수님의 이름으로 기도하십시오.

예수님의 이름은 내 기도를 하나님께 올리기 위해서 십자가에 제물이 되신 향연입니다. 예수님의 이름과 함께 올려지는 모든 기도는 금 향로에 담아서 하나님께 올려집니다.

2) 쉬지 말고 기도하십시오.

쉬지 말고 기도하라는 말은 아무것도 하지 말고 기도하라는 말이 아닙니다. 모든 일에 기도의 삶을 놓치지 말라는 의미입니다. 내 기도의 향로가 비어 있다면 어찌되겠습니까?

3) 기도 없이는 결과도 없습니다.

결과=응답과 해결을 사모하는 자마다 엎드려야 합니다.
사탄은 가장 연약한 성도라도 무릎 꿇고 있을 때 두려워합니다.
하나님은 반드시 응답하십니다.

청중 결단

매일 정기적인 기도의 시간을 가집시다!
기도의 습관을 가집시다!

CHAPTER 29

천사의 나팔
계 8:6~13

> **나 팔**
>
> 일곱째 인을 떼실 때에 하늘이 반 시쯤 고요했다고 합니다(1절). 이는 일곱째 인이 지금까지 공개되었던 내용과 전혀 다른 계시를 보여주시기 위한 장면 바꿈의 의미를 담고 있습니다.
> 일곱째 인을 떼었을 때 하나님 앞에 일곱 천사가 서 있었고 일곱 나팔을 가졌습니다(2절). 그리고 일곱 나팔을 가진 일곱 천사가 나팔을 불기 시작했습니다.

설교를 이끄는 관점

여기서 등장하는 일곱 천사와 일곱 나팔은 무엇을 의미합니까? 흔히 계 8장을 나팔 재앙이라고 합니다.

그렇다면 지금까지 일곱 인 재앙으로 이 땅은 큰 환난과 고통으로 처참한 시간을 보냈습니다. 이런 와중에 일곱 천사가 나타나서 일곱 나팔을 가진 것을 보면 또 다른 무서운 예감을 떨쳐 버릴 수가 없습니다.

왜 하나님은 요한의 눈을 통해서 이런 고통스런 장면만을 보이시는 것일까요?

여러분은 일곱 천사와 일곱 나팔에 대한 이야기를 들어 본 적이 있습니까?

하나님의 목적으로 해결

여기서 등장하는 일곱 천사와 일곱 나팔은 하나님의 심판 도구입니다.

하나님은 일곱 천사들이 일곱 나팔을 불 때에 이 땅을 어떻게 심판하시는지를 보여주셨습니다.

계 8장에는 제1 나팔부터 제4 나팔까지의 재앙, 하나님의 심판이 나오는데 주로 자연 환경을 파괴하심으로 인간을 심판하시는 모습입니다.

하나님은 심판의 나팔 소리, 자연 환경의 파괴를 통하여 불신자들이 하나님을 거역한 죄를 심판하십니다. 회개를 촉구하시고 신자들이 깨어서 하나님의 뜻을 이루어 가도록 역사하십니다.

1. 제1 나팔, 땅과 수목이 파괴되는 심판(7절).

여기서 말하는 땅은 특정 지역이 아니라 "온 땅"을 의미합니다.

하나님은 "피 섞인 우박과 불"을 내려서 땅과 수목의 삼분의 일을 심판하셨습니다.

"피 섞인 우박과 불"은 하나님의 진노가 대단함을 강조하는 현상입니다.

피 섞인 우박과 불이 땅에 쏟아졌다는 말은 하나님의 심판이 되돌릴 수 없다는 필연적 심판임을 나타냅니다.

이전에도 우박과 불은 하나님의 심판 도구로 사용되었습니다. (출 9:24~25, 사 28:2, 겔 13:13, 38:32)

2. 제2 나팔, 바다의 물과 생물, 선박들을 파괴하는 심판 (8~9절).

지구의 3/4이 바다인 것을 감안하면 바다의 파괴는 인간에게 엄청난 피해를 주는 재앙입니다. 여기서 "불붙는 큰 산과 같은 것"은 정확히 그것이 무엇인지 알 수 없습니다. 어떤 이는 화산 폭발이나 운석이 떨어지는 것으로 해석하기도 하지만 화산 폭발이나 운석 등이 떨어져서 이런 엄청난 재난을 일으키는 일은 쉽지 않습니다. 만일 화산 폭발이나 운석 등으로 바다의 생물과 선박들이 파괴된다면 그곳은 부분적인 1/3의 심판이 아니라 종말론적인 심판이라 해야 합니다.

계시록은 상징적인 의미를 많이 부여하고 있습니다.

불붙은 큰 산과 같다고 했으므로 이것이 무엇인지를 밝히는 것보다는 하나님의 심판의 도구로 사용되어 바다를 파괴했다는 결과에 주목해야 합니다. 자연계의 재앙과 해양 사고들은 인간의 죄로 말미암은 하나님의 진노의 결과임을 잊지 말아야 합니다.

3. 제3 나팔, 강물의 오염으로 인한 심판(10~11절).

횃불 같이 타는 큰 별이 하늘에서 떨어져 강들을 오염시켰습니다. 강들과 여러 물샘에 떨어진 이 별은 이름이 "쓴 쑥"입니다.

여기서 "쓴 쑥"이란 도저히 마실 수 없는 맛을 가졌다는 의미입니다. 하지만 다른 물이 전혀 없어서 그 물을 마신 자는 결국 죽음에 이르게 되었습니다.

* 계시록은 주관적인 해석을 금해야 합니다.

계시록 전체를 이어가는 해석이 필요합니다.

어떤 이는 소행성이나 유성, 주의 종들의 타락으로 해석합니다. 이는 전혀 성경적인 근거를 가지지 않은 말입니다. 또한 어떤 이는 큰 별이 하늘에 떨어졌기에 이를 타락한 천사로 말하기도 합니다. 근거 없는 주관적인 말입니다.

강은 식수의 근원입니다. 강의 오염은 수질 오염으로 인한 식수난을 예고하는 심판입니다.

4. 제4 나팔, 일월성신을 통한 심판(12절).

해와 달과 별의 1/3이 타격을 받아 온 땅이 밤과 같이 어둠이 임하는 심판입니다.

해와 별은 땅의 에너지 원천입니다. 이런 에너지의 원천이 파괴되었으니 결국은 사망에 이를 수밖에 없는 심판입니다. 여기서 "타격"이란 "때리다, 치다, 재앙을 내리다"는 의미로 고의적인 현상, 작정한 심판임을 말합니다.

5. 제1~제4 나팔은 땅의 1/3만을 심판합니다.

인 재앙에서는(6:8) 땅의 1/4이 죽었지만 여기서는 1/3이 심판으로 파괴됩니다. 이는 하나님의 심판의 강도가 종말이 가까

울수록 더 강해진다는 의미입니다.

청중 적용

사랑하는 여러분!

1. 13절을 보면, 날아가는 독수리가 큰 소리로 땅에 사는 자들에게 "화, 화, 화가 있으리라"고 소리 지르고 있습니다.

이는 하나님의 심판이 앞으로도 계속 된다는 경고의 소리입니다.

1) 지금은 하나님의 진노와 심판이 계속되는 시간입니다.

주변을 돌아보세요. 이미 하나님의 채찍의 결과들이 곳곳에서 소리를 지르고 있습니다.

2) 하나님의 시간표에 우연이란 있을 수 없습니다.

하나님도 필연적인 계획 안에서 하나님의 구원 계획을 이루십니다. 재앙도 심판도 하나님의 구원 계획을 이루는 과정임을 잊지 말아야 합니다.

3) 날아가는 독수리가 큰 소리를 지른 것은 그 내용이 중요하고 급하고 확실하기 때문입니다. 한 사람에게라도 더 알려 주기 위함입니다. 지금은 이런 시기입니다. 그러므로 우리는 주변을 보면서 하나님의 때를 깨닫는 깨어있는 성도가 되어야 합니다.

2. 제1 나팔부터 제4 나팔은 성도에게 경고하는 표징입니다.

성경은 무서움과 두려움을 주려는 목적으로 주어진 책이 아닙니다. 하나님의 심정을 말씀하셔서 우리를 살리려는 목적이 먼저입니다.

1) 우리는 나팔 재앙을 보면서 살아계신 하나님이심을 신앙해야 합니다. 수목과 물속에 거하는 생물, 인간의 필요까지 세밀하게 다루시는 하나님이 손길을 놓치지 말아야 합니다. 풀 한 포기, 새 한 마리까지 살피시고 돌보시는 하나님을 잊지 말아야 합니다.

2) 우리는 이런 재앙이 쏟아지는 이 땅의 모습을 보면서 이 땅은 영원한 도성이 아님을 깨달아야 합니다.
하나님의 진노와 심판으로 없어질 세상 것들에 사로잡혀 영원한 도성을 잃어버리는 어리석음을 버려야 합니다.

3) 천사들의 나팔 소리는 불신자들에게는 재앙의 소리요 심판의 소리지만 하나님의 자녀들에게는 살리고 깨우는 소리로 들어야 합니다.

청중 결단

이미 하나님의 천사들이 나팔을 불기 시작했습니다.
지금 깨어서 믿음을 지켜야 할 때입니다.
한 사람이라도 구원에 이르도록 복음을 전할 때입니다.

CHAPTER 30

무저갱과 황충들
계 9:1~11

> **황 충**
>
> 다섯 번째 천사가 나팔을 불 때 요한의 눈에 하늘에서 떨어진 별 하나가 보였습니다. 그런데 하늘에서 떨어진 그 별이 무저갱의 열쇠를 받았습니다.
> "다섯째 천사가 나팔을 불매 내가 보니 하늘에서 땅에 떨어진 별 하나가 있는데 그가 무저갱의 열쇠를 받았더라"(1절).
> 그리고 그가 그 무저갱의 열쇠로 무저갱을 열었는데 황충이 연기 가운데로부터 땅 위로 올라왔습니다(3절).

설교를 이끄는 관점

여기서 몇 가지 의문점을 가질 수밖에 없습니다.

1) 하늘에서 떨어진 별은 무엇입니까?
왜 그에게 무저갱을 여는 열쇠를 주셨을까요?

2) 무저갱이란 곳은 어떤 곳입니까?

무저갱이 어떤 곳이기에 그 곳에서 올라오는 연기로 해와 공기가 제 구실을 할 수 없게 합니까?

3) 무저갱에서 황충이 올라왔는데 여기서 말하는 황충이란 무엇입니까?

4) 황충들의 모습과 그들이 땅에서 행하는 일들이 무섭고 두렵습니다.

왜 이런 일들이 일어나며 왜 이런 모습을 보여주는 것입니까?

여러분은 본문을 함께 읽어가면서 어떤 생각을 했습니까?

하나님의 목적으로 해결

제5 나팔은 황충들, 마귀들이 어떻게 인간을 공격할 것인지를 보여주는 내용입니다.

황충들은 메뚜기로 번역할 수 있습니다.

메뚜기가 무엇이든 닥치는 대로 먹어치우듯이 사탄이 인간의 모든 것을 빼앗고 정지시킨다는 메시지입니다. 사탄은 인간의 이성과 감정에 역사하여 인간이 누리는 기쁨과 즐거움 그리고 용기 등을 빼앗아갑니다. 우리는 이런 사탄의 활동을 제대로 알고 사탄과 싸워서 이기는 전투적 신앙을 계속해야 합니다.

1. 황충은 무저갱에서 나온 사탄의 별명입니다(2절).

무저갱이란 바닥이 없는 끝없는 구덩이란 뜻으로 마귀와 악령들이 머무는 장소입니다(눅 8:11, 계 11:7, 20:1, 3). 사탄이 갇혀 있는 감옥이라고 생각하시면 됩니다.

2. 황충이란 이름은 멸망이요 파괴자란 뜻입니다.

> "그들에게 왕이 있으니 무저갱의 사자라 히브리어로는 그 이름이 아바돈이요 헬라어로는 그 이름이 아볼루온이더라"(11)

황충들의 이름이 아바돈과 아볼루온으로 기록되었는데 그 뜻은 멸망과 멸망시키는 자, 파괴자라는 뜻입니다. 또 하나, "그들에게 왕이 있으니"라는 것은 사탄이 조직과 질서를 가지고 멸망과 파괴자로 역사함을 기억해야 합니다.

3. 황충들은 하나님의 인 맞은 자들을 어찌할 수 없습니다.

> "그들에게 이르시되 땅의 풀이나 푸른 것이나 각종 수목은 해하지 말고 오직 이마에 하나님의 인침을 받지 아니한 사람들만 해하라 하시더라"(4)

사탄의 세력이 아무리 강하고 거세도 하나님의 인을 받은 성도들은 어찌할 수 없습니다. 하나님의 인을 받은 성도들은 하나님께서 지키시고(유 1:24), 예수님께서 지키시고(요 17:12), 성령님께서 위하여 기도하시기에(롬 8:26) 악한 자들은 성도들을 만지지도 못합니다(요일 5:18).

4. 황충들은 하나님의 인을 받지 않은 자들을 공격합니다.

"그러나 그들을 죽이지는 못하게 하시고 다섯 달 동안 괴롭게만 하게 하시는데 그 괴롭게 함은 전갈이 사람을 쏠 때에 괴롭게 함과 같더라 그 날에는 사람들이 죽기를 구하여도 죽지 못하고 죽고 싶으나 죽음이 그들을 피하리로다"(5~6)

사탄의 공격은 전갈이 쏘는 것처럼 괴롭고 고통스럽습니다. 이런 사탄의 공격을 받은 자들은 그 고통이 얼마나 대단하던지 차라리 죽는 것이 낫다고 죽여 달라고 소리를 칠 정도입니다. 이는 황충들이 인간들을 죽이지 않고 죽음보다 더한 고통으로 공격함을 말합니다.

사탄의 공격 대상은 이마에 하나님의 인이 없는 불신자들, 사탄의 자식들입니다.

사탄은 자기 권세 아래 있는 인간들을 괴롭히고 파괴하며 멸망시키는 자입니다.

5. 황충들의 공격 방법(7~10절)

1) 전쟁을 위하여 준비된 말처럼 빠르고 전투적입니다.
2) 마귀의 역사는 잠시 승리자처럼 보입니다.
3) 이성과 지각을 가지고 역사합니다(유 1:10).
4) 부드러운 유혹과 미혹으로 멸망에 이르게 합니다.
5) 인간의 힘으로는 이길 수 없습니다.
6) 사탄의 공격은 무섭고 강하며 쉽게 무너지지 않습니다.
7) 괴롭게 하고 고통스럽게 하는 것이 목적입니다.
8) 다섯 달 동안만 한시적으로 권세를 가졌습니다.

결국은 사탄의 공격도 끝이 있습니다.

6. 황충을 이기는 힘은 오직 어린 양 예수 그리스도입니다 (5:5~6).

어린 양 예수님의 보혈로 씻김 받은 성도들은 어떤 황충들의 세력에도 끄떡없습니다.

사탄의 멸망이 있을 다섯 달 동안, 교회운동 기간 동안 신앙의 정절을 지키며 어린 양의 인도하심에 따라서 믿음으로 살아야 합니다.

청중 적용

사랑하는 여러분!

1. 지금은 황충들이 역사하는 때입니다.

사탄의 무리들이 고통과 괴로움을 앞세워 위협하고 무너뜨리려고 온갖 술수를 다하는 때입니다.

1) 사탄의 권세 안에 있는 자들은 겉으로 보기에는 화려하고 아름다워도 고통과 괴로움이 가득한 자들입니다.
2) 사탄의 권세 안에 있는 자들은 고통과 괴로움을 잊어버리려고 온갖 방법들을 총동원해 보지만 결국은 소용이 없습니다.

* 술, 마약, 쾌락, 음행…. 이는 모두 사탄의 권세에서 벗어나려는 발악입니다.

3) 사탄의 권세는 이 땅에서 끝이 아닙니다.
무저갱, 영원한 고통의 장소까지 계속됩니다.
아직도 사탄의 권세 안에 있는 불신 세력들의 겉 모습이 부럽기만 합니까?

2. 지금이 사탄의 권세에서 벗어날 수 있는 기회의 시간입니다.

이제 곧 하나님께서 정하신 "다섯 달"이 지나면 영원히 돌이킬 수 없는 결과에서 벗어날 수 없습니다. 지금, 오늘이 사탄의 권세, 황충의 권세에서 벗어날 수 있는 시간입니다.

1) 하나님의 인을 받아야 합니다.
하나님의 인을 받은 자들은 황충들이 절대 손댈 수 없습니다.
"하나님의 인", 어린 양 예수 그리스도의 보혈을 믿고 죄 씻음 받은 증거입니다.
예수님을 구주로 믿고 영접하시면 됩니다.
예수 안에 있는 자들이 하나님의 인을 받은 자들입니다.

2) 죄와 싸워야 합니다.
죄의 유혹을 물리쳐야 합니다.
사람 얼굴 같고, 여자 머리털 같은 사탄의 미혹을 이겨내야 합니다.
이성으로 이길 수 없습니다. 감정으로 이길 수 없습니다.
오직 믿음으로 싸워서 이겨야 합니다.

3) 이긴 자들만이 진짜 면류관을 받습니다.

사탄은 이 땅에서 가짜 면류관을 쓰고 자신이 승리자인 것처럼 가장합니다(7절). 하지만 진짜 면류관을 쓸 자들은 하나님의 인을 받은 자들뿐입니다.

청중 결단

주변에서 고통하고 신음하는 자들을 복음으로 살려냅시다! 저들의 고통은 복음으로만 해결할 수 있습니다.

CHAPTER 31

결박당한 네 천사
계 9:12~21

> **네 천사**
>
> 12절에서 첫째 화가 지나고 아직도 이후에 화 둘이 이르게 될 것을 말씀하셨습니다. 이 말씀에 주목하던 요한의 눈에 여섯째 천사가 나팔을 부는 모습과 소리가 들렸습니다.
> 14절 "나팔 가진 여섯째 천사에게 말하기를 큰 강 유브라데에 결박한 네 천사를 놓아 주라 하매."

설교를 이끄는 관점

여기서 결박된 네 천사는 누구입니까?
무엇 때문에 천사가 결박당했습니까?
그리고 여섯째 나팔 소리와 함께 네 천사를 풀어주라는 음성은 어디서, 누가 한 말입니까?

천사가 결박된 것을 보면 분명 이 천사들은 선한 일을 하다가 결박된 천사들은 아닙니다.

> "네 천사가 놓였으니 그들은 그 년 월 일 시에 이르러 사람 삼분의 일을 죽이기로 준비된 자들이더라"(15)

그렇다면 이 네 천사들은 사람들을 죽이도록 놓아주려는 자들입니다. 이것이 사실이라면 절대 놓아주어서는 안 되는 자들입니다. 그런데 누가, 왜 이런 무서운 천사를 놓아주어서 사람들을 삼분의 일이나 죽이려는 것입니까?

여러분은 이 네 천사가 놓이는 것을 합당하게 생각합니까?
왜 이런 일이 일어나는 것일까요?

하나님의 목적으로 해결

한마디로, 네 천사는 심판을 행하는 자들입니다.
이들이 결박된 것에서 알 수 있듯이 이들은 악한 천사, 사탄입니다(20:1~3, 벧후 2:4, 유 1:6). 이들은 하나님의 주권 계획 속에 정해진 년, 월, 일, 시에 세상을 심판하기 위해서, 하나님의 진노를 집행하기 위해서 땅의 삼분의 일을 죽이려고 결박된 사탄의 세력입니다(15절).

1. 큰 강 유브라데에 결박한 네 천사

> "나팔 가진 여섯째 천사에게 말하기를 큰 강 유브라데에 결박한 네 천사를 놓아 주라 하매"(14)

이 지역은 항상 바벨론, 앗수르, 메데, 파사 등에 예속되어 있었고 또한 항상 이스라엘을 괴롭히던 지역으로, 하나님께 도전의 장소였습니다.

이렇게 큰 강 유브라데는 하나님을 대적하는 불신 세력과 불신앙 영역을 의미합니다. 이곳은 사탄이 처음 유혹을 시작했던 곳이며 인간이 하나님께 처음 거짓말을 한 장소입니다.
그러므로 이곳은 하나님을 대적하는 세상 권세, 지옥의 권세를 상징합니다.

2. 네 천사는 마병대의 모습으로 세상에서 활동하는데 그 수가 이만 만입니다(16절).

이만 만은, $2 \times 10,000 \times 10,000 = 2$억입니다.
이는 상징적인 숫자로 사탄의 세력이 실로 엄청난 것을 알리는 표현입니다.

3. 마병대의 활동 모습(17~19절).

요한이 환상 가운데 그 말들과 그 위에 탄 자들을 보았습니다.

1) 불빛과 자줏빛과 유황빛 호심경이었습니다.
이 색깔들은 전부 죽음, 멸망, 파괴를 의미합니다.

2) 말들의 머리는 사자 머리 같고 그 입에서는 불과 연기와 유황이 나왔습니다.
이들은 사람들 삼분의 일을 죽이기 위해서 사자처럼 찢고 그 입에서 다양한 공격들을 퍼붓게 됩니다.

  3) 이들의 공격 대상은 땅의 삼분의 일입니다.
  문자적으로 꼭 삼분의 일을 말하는 것이 아니라 아주 많은 사람들이 죽임을 당한다는 말입니다.

  4) 그 말들의 힘은 그 입과 꼬리에 있으니 그 꼬리는 뱀 같고 또 꼬리에 머리가 있어 이것으로 해하리라고 했습니다.
  사탄은 말과 미혹, 유혹으로 사람을 파괴합니다.
  사탄의 거짓 이론과 미혹들은 수많은 거짓 선지자와 이단들을 만들어내고 그 미혹에 빠진 자들을 멸망에 이르게 합니다.

4. 죽임당하는 삼분의 일은 누구입니까?(20~21절)

  사탄에게 죽임을 당하는 자들은 불신자들입니다.
  앞선 재앙에 죽지 않고 살아났으나 자신의 죄악을 회개하지 않고 오히려 우상숭배와 살인, 복술, 음행과 도적질을 회개하지 아니한 자들입니다.

5. 회개하지 않으면 멸망에 이르게 됩니다.

  하나님은 그 년, 월, 일, 시에 네 천사를 통하여 복음을 듣고도 회개하지 아니하고 어린 양의 피로 그 옷을 씻지 아니한 자들을 심판하십니다.
  하나님께서는 계시(성경)를 통해서 이 사실을 경고하고 계십니다.

청중 적용

사랑하는 여러분!

1. 우연이란 있을 수 없습니다.

천하보다 귀한 생명들이 삼분의 일이나 죽임을 당하는 일이 어찌 우연과 재난이라고 넘어갈 수 있습니까?

주변을 돌아보십시오!

결박에서 풀린 네 천사들이 우는 사자와 같이 삼킬 자를 찾고 있으며 사탄에게 매인 자는 결단코 죽음을 면하지 못합니다.

사탄의 표적이 되는 자들은,
1) 재앙을 보면서도 회개하지 않은 자
2) 귀신을 섬기며 우상숭배 하는 자
3) 죄악을 멈추지 않는 자

살인, 복술, 음행, 도적질을 계속하는 자들이 사탄이 멸망시킬 대상입니다.

4) 거짓 선지자와 이단들을 통하여 미혹하고 천사의 얼굴로 다가오지만 결국은 멸망, 죽음에 던져집니다.

2. 신앙의 정절을 지켜야 합니다.

아무리 강하고 거친 사탄의 세력이라도 어린 양 예수의 피로 그 옷을 씻은 자들은 손댈 수 없습니다.

1) 세상의 모든 열쇠는 하나님의 주권 안에 있습니다.

하나님 앞 금 제단 네 뿔에서 음성이 나와야 모든 일이 진행됩니다. 하나님은 네 천사를 결박하기도 하시고 풀기도 하시는 전능하신 하나님이심을 믿고 의지해야 합니다.

2) 세상의 모든 일은 하나님의 시간표대로 진행됩니다.
모든 일을 계획하신 하나님은 그 년, 월, 일, 시에 계획하신 바를 이루십니다. 그러므로 모든 일을 이루시는 하나님을 바라보며 그 뜻을 깨달아 이루어드리도록 힘쓰는 것이 신앙입니다.

3) 지금은 복음 전할 때입니다.
한 사람이라도 더 회개하고 죄에서 돌이켜 사망 권세와 멸망의 권세에서 벗어나게 해야 합니다.
하나님은 복음을 위하여 교회를 세우시고 복음을 위하여 요한의 눈과 귀를 여셨습니다.

청중 결단

주변을 살펴봅시다!
혹시나 복음을 거부하고 삼분의 일에 속하여 망하는 길에 선 자들이 없도록 살리는 일에 앞장섭시다!

거짓 선지자, 이단의 세력들을 주의합시다!
이들도 멸망에 이르게 하는 자들이요,
말과 유혹거리로 넘어지게 하는 자들입니다!

CHAPTER 32

힘 센 천사

계 10:1~4

> **힘 센 천사**
>
> 요한은 힘 센 천사가 하늘에서 내려와 오른발은 바다를, 왼발은 땅을 밟고 서 있는 모습을 보았습니다. 그 천사는 구름옷을 입고 그 머리 위에는 무지개가 있으며 그 얼굴은 해 같고 그 발은 불기둥 같았습니다. 또한 그 천사의 손에는 펴 놓인 작은 두루마리를 들고 있었습니다.

설교를 이끄는 관점

이 힘 센 천사는 누구일까요?
이 천사가 힘이 세다고 했는데 어느 정도의 힘을 가졌기에 세다고 했을까요?
힘이 세다면 천사들 중 대장이라도 된단 말입니까?

이 천사의 모습을 자세히 살펴보면 보통 천사는 아닙니다.

1) 구름옷을 입었습니다.

이는 구름에 싸여 하늘에서 내려오는 모습입니다. 이러한 모양은 마치 예수님께서 승천하시거나 재림하실 때의 모습을 떠오르게 합니다.

2) 그 머리 위에는 무지개가 있습니다.

천사의 머리에 찬란한 영광이 비추고 있다는 의미입니다.

계 4:3을 보면 이 무지개가 하나님의 보좌에도 있었습니다. 그렇다면 이 천사는 천사가 아닌데 천사라고 표현한 것은 아닐까요?

3) 그 얼굴이 해 같이 빛나고 있었습니다.

이는 그의 얼굴이 태양처럼 빛나는 존재로서 그의 가치가 대단함을 의미합니다.

멀리서도 그 천사의 존재감과 위엄을 알 수 있다는 말입니다.

4) 그 발이 불기둥 같다고 했습니다.

발은 견고함과 정복을 상징합니다. 그의 발이 불기둥 같다는 말은 그 천사는 누구에게서도 물러서지 않을 만큼 강하다는 의미입니다. 그가 그 발로 두려움과 공포에 떨 수밖에 없는 일들을 하게 될 것입니다. 지금 우리의 한계로서는 상상이 안 되는 부분입니다.

5) 힘 센 천사입니다.

그의 힘을 이길 자가 없다는 말입니다. 이상의 모든 것을 비추어 볼 때 그를 감당할 자가 없다는 말입니다. 그렇다면 이 힘 센 천사는 누구일까요?

하나님의 목적으로 해결

이 천사는 그리스도가 아닙니다!

마치 그리스도를 연상케 하는 모습들이 너무도 많아 보이지만 그리스도가 아니라 그리스도의 역할을 대변하는 천사입니다. 많은 사람들이 계 10장의 사건을 실제 그리스도의 모습으로 보고 이 천사의 존재를 확정 지으려는 오류를 범하고 있습니다.

본문의 사건은 요한이 본 환상(vision) 중에 나오는 존재임을 잊지 말아야 합니다.

* 본문에 나오는 천사가 그리스도가 아님을 증거하는 것들.

1. 그는 "다른 천사", 즉 여러 천사들 중 "다른 천사"이기 때문입니다.

1절에 다른 천사보다 힘 센 다른 천사라고 명시했습니다. 일반적인 천사들보다 강하고 독특한 존재일 뿐 다른 천사처럼 천사일 뿐입니다. 힘이 세다는 이유로 그리스도와 연결하는 것은 억지입니다.

2. 계시록에서는 단 한 곳도 그리스도를 천사라고 말한 곳이 없습니다.

그리스도는 유일한 존재이시기에 절대로 "다른 천사"가 될 수 없습니다.

계시록 전체에서 요한이 그리스도를 천사로 표현한 곳은 한 곳도 없습니다.

3. 6절에서 그 천사는 "세세토록 살아계신 자"를 향하여 맹세합니다.

그리스도는 하나님이십니다. 그가 누구를 향하여 맹세하시는 일은 있을 수 없습니다.

그리스도 그분은 세세토록 살아계신 분이며 맹세를 받으실 자입니다. 그러므로 그리스도는 경배의 대상이시지만 천사는 경배의 대상이 될 수 없습니다.

4. 그는 다른 천사와 같이 그리스도의 사명을 이루는 전령입니다.

천사는 그리스도께서 부여하신 사명을 이 땅에서 수행하는 수종 자일뿐입니다.

이런 그에게 그리스도처럼 보일만한 위엄과 영광이 함께하는 것은 그 천사가 그리스도의 명령을 수행하는 자이기에 그리스도의 권세가 나타나고 있는 것입니다.

① 그 천사는 전 세계를 상대로 그리스도의 명령을 수행하는 자입니다(2, 5절).

그의 오른발과 왼발이 바다와 땅을 밟고 서 있는 것은 그가 전 세계를 상대로 하나님의 명령을 전달하는 자라는 뜻입니다. 지구촌 안에는 그가 받은 명령을 거스를 자는 아무도 없습니다. 이것이 그가 바다와 땅을 밟고 서 있는 이유입니다.

② 그 천사는 받은 명령대로 외치는 자입니다(3절).
그 천사는 그리스도께 받은 명령을 사자처럼 외쳤습니다.
사자처럼 외쳤다는 말은, 그가 전할 그 내용이 부드러운 것이 아니라 심판과 저주가 담긴 두려움의 음성임을 의미합니다.

③ 천사가 받은 명령은 작은 두루마리 안에 있습니다.
천사는 자기 소리를 내는 자가 아닙니다. 오직 두루마리 안에 담겨진 내용만을 말하는 자이며 두루마리를 전하는 자입니다.

④ 그 천사는 지체할 수 없이 명령을 수행하는 자입니다.
그리스도의 명령을 받은 천사는 단 1초도 그 분의 명령을 지체할 수 없습니다.
그는 명령에 반응하는 존재임을 의미합니다. 오직 천사는 그리스도의 명령에 살고 명령에 죽는 존재입니다.

청중 적용

사랑하는 여러분!
1. 힘 센 천사의 모습과 그리스도를 착각해서는 안 됩니다.
지금은 혼란의 시대입니다. 혼란의 시대에는 힘 센 천사의 모습을 가진 자들이 그리스도의 행세를 하는 일들이 자주 일어납니다.

* 겉모습이 화려하고 대단해 보입니다.
  거짓 그리스도는 자신을 드러내는 최고의 무기가 외모입니다.
  보이는 것에 모든 것을 집중하여 사람의 눈을 속이려 합니다.

* 그가 나타날 때 온갖 쇼(show)가 펼쳐집니다.
  무지개처럼 찬란하고 해처럼 대단한 광경들이 연출되면 사람들은 이런 그의 모습을 마치 그리스도처럼 숭배하고 높입니다.

* 그 입에서 사자처럼 부르짖는 음성이 들려집니다.
  그 입에서는 온갖 협박과 공포 그리고 두려움을 갖게 하는 말들이 쏟아져 나옵니다.
  사람들은 기쁨과 즐거움으로 그에게 나아가는 것이 아니라 두려움과 공포심 그리고 불안한 심정으로 쫓아갑니다.

지금 우리 주변에는 힘 센 천사처럼 거대한 집단과 건물, 인원들을 드러내며 그리스도를 흉내내는 자들이 넘쳐나고 있습니다.

2. 분별력과 바른 신앙을 세워야 할 때입니다.

이들을 분별하는 것이 바른 신앙입니다.
거짓 신앙을 분별하지 못하면 그들과 한편이 됩니다.

1) 말씀으로 분별해야 합니다.

그들의 손에도 성경이 있습니다. 하지만 그들은 성경을 통하여 예수님께 나아가지 않고 특정한 사람과 단체로 안내합니다. 예수님을 말하는 것처럼 보이지만 결국은 거짓 그리스도, 힘 센 천사처럼 보이는 자에게 안내합니다.

바른 신앙은 예수님으로 시작해서 예수님으로 진행하고 오직 예수님께만 세세무궁토록 영광을 돌립니다.

2) 보이는 것이 전부가 아닙니다.
조직, 세력, 사람들의 집요한 유혹을 이겨내야 합니다. 사탄을 가장한 천사와 같이 사탄은 화려한 모습으로 달콤한 소리로 손을 내밀지만 결국은 우리를 사망과 멸망으로 안내합니다. 눈에 보이는 것이 전부가 아닙니다.
속으면 파멸이고 저주입니다.

3) 오직 예수 그리스도만이 현재와 내세에 구원과 영생을 누리게 합니다.
복음은 예수 안에서 누리는 현재와 내세의 기쁨입니다. 이 복음은 지금도 교회를 통하여 세계 도처에 전파되고 있습니다.

청중 결단

이단의 세력들을 바로 알고 이깁시다!
이단은 그림자라도 밟지 맙시다!

CHAPTER 33

작은 두루마리
계 10:1~4

> **작은 두루마리**
>
> 계 10:1~11:13까지는 제6 나팔과 제7 나팔 사이의 막간에 해당하는 내용인데 요한은 힘 센 다른 천사를 보았습니다. 그 힘 센 천사는 구름을 입고 하늘에서 내려왔습니다.
> 그 천사의 머리에는 무지개가 있고 그 얼굴은 해 같이 밝고 그 발은 불기둥 같았습니다. 그리고 그 천사의 손에는 펴 놓인 작은 두루마리를 들고 오른발은 바다를 밟고 왼발은 땅을 밟고 있었습니다. 그 천사는 사자가 부르짖는 것처럼 큰 소리로 외쳤습니다.

설교를 이끄는 관점

요한이 본 힘 센 다른 천사는 악한 천사라기보다는 마치 그리스도의 모습과 흡사합니다. 맞습니다. 이 천사는 그리스도를 대신하는, 그리스도의 역할을 대신하는 천사였습니다.

오늘 우리가 주목하려는 것은 이 천사의 손에 들려있는 작은 두루마리입니다.

천사의 손에 펴 놓은 작은 두루마리입니다.

두루마리 하면 계 5:1에 보좌에 앉으신 이의 오른손에 있는 두루마리를 떠올립니다. 그렇다면 계 5장에 있는 두루마리와 본문에서 말하는 작은 두루마리는 어떤 관계를 가지고 있을까요?

같은 두루마리에 대한 다른 표현일까요? 아니면 각기 다른 두루마리일까요?

본문에 있는 두루마리에 대한 특징이 있습니다. 바로 작은 두루마리입니다. 작은 두루마리란 크기가 작다는 말입니까? 담겨진 내용이 적다는 말입니까?

오늘 우리는 천사의 손에 있는 작은 두루마리를 통하여 계시된 비밀을 깨닫고 은혜 받으려고 합니다.

하나님의 목적으로 해결

천사의 손에 펼쳐진 두루마리는 어떤 것입니까?

1. 계 5장 성부 하나님의 손에 있던 두루마리와 다른 것입니다.

1) 5:1의 두루마리는 성부 하나님의 손에 있었고 10:1~2에서는 천사가 들고 있습니다.

2) 5:1에서는 그냥 두루마리입니다. 그런데 계 10장에서는 "작은 두루마리"입니다.
요한은 이 점에서 계 5장의 두루마리와 작은 두루마리의 차이점, 다른 점을 기록했습니다.

3) 5:1의 두루마리는 6장에서 개봉되었습니다.
5장의 두루마리는 7인을 떼는 공개 과정이 있었지만 본문의 작은 두루마리는 인봉하고 기록하지 말라는 명령이 있었다는 점에서 결정적으로 다른 점을 찾아볼 수 있습니다(10:3~4).

* 계 10장의 두루마리와 겔 2~3장의 두루마리도 서로 다릅니다. 예언자들이 그것을 먹고 꿀처럼 달다는 점에서는 같지만, 에스겔의 두루마리는 "먹고 말하라"는 책임(겔 3:1)인데 비해서 계시록 10장은 인봉되어야 할 두루마리이기에 분명한 차이가 있습니다.

2. 이 작은 두루마리의 정체는 8~11절에서 찾을 수 있습니다.

요한은 천사의 손에 있는 작은 두루마리를 가지라는 명령을 듣고 나아가 천사로부터 두루마리를 취하려 했으나 천사는 요한에게 이 두루마리를 갖다 먹으라는 표현을 합니다. 천사의 손에서 이 두루마리를 받은 요한은 그것을 먹으니 입에서는 꿀 같이 다나 먹은 후에는 내 배에서는 쓰게 되었다고 했습니다(9~10절).

1) 요한이 두루마리를 먹었다는 것은,
그 내용을 전부 자기의 것으로 만들었다는 뜻입니다.
두루마리 안에 무슨 내용이 있는지를 확실히 깨달았다는 말입니다.

2) 요한이 두루마리를 먹을 때 입에서 달다는 표현은,
하나님의 미래 계획의 말씀 전체를 받아먹을 당시에는 은혜롭고 달콤했다는 말입니다. 말씀을 깨달았을 때 받은 은혜가 그 무엇으로 표현할 수 없을 만큼 대단했다는 말입니다.

3) 그 배에서는 쓰다는 말은,
그 말씀을 깨닫고 소화한 후 세상의 반역자들, 대적자들에게 전해야 하니 고통스럽다는 말입니다. 말씀대로 전할 때 받을 대적자들의 반응을 생각하니 입맛이 쓰고 고통스럽다는 말입니다.

3. 작은 두루마리는 말씀을 받은 자들의 사명입니다.
말씀을 받은 자들이 작은 두루마리 안에 담겨진 복음을 듣고 고통스럽지만 그 말씀을 전해야 한다는 사명을 부여하신 것입니다.

"작은 두루마리"(2)

한꺼번에 모든 말씀을 전할 수 없기에 계 5장의 두루마리 안에 담겨진 성부의 구원 계시를 부분적(본문)으로 들고 나가서 전하는 작은 두루마리입니다.

4. 주님 오실 때까지 작은 두루마리를 들고서 다시 예언해야 합니다(11절).

우리가 전해야 하는 대상은 "많은 백성과 나라와 방언과 임금들"입니다.

누구에게 전해야 되는가 보다 반드시 전해야 된다는 사명임이 절실합니다.

청중 적용

사랑하는 여러분!

1. 우리의 손에도 작은 두루마리가 있습니다.

이 작은 두루마리는 이미 펼쳐져 있습니다. 하나님의 계시들이 이미 우리의 손에 펼쳐져 있습니다. 우리 모두에게 알려진 사실입니다.

하나님의 공개된 계시의 핵심은 바로 예수 그리스도의 십자가와 부활을 믿는 자들이 영생을 얻고 천국에서 주와 함께 영원히 산다는 복음입니다.

* 여러분의 손에 있는 이 두루마리가 무엇을 의미하는지 알고 있었습니까?
* 여러분 손에 있는 이 두루마리 안에 나를 향하신 하나님의 심정이 있다는 사실을 알고 있습니까!
* 나를 향한 하나님의 심정과 내 손에 두루마리를 주신 이유를 찾아야 합니다.

내 손 안에 있는 이 작은 두루마리는 예수님의 십자가와 부활을 통하여 내게 주신 것입니다.

2. 이는 지체하지 말고 복음을 전하라는 사명입니다.

바다와 땅을 밟고 선 천사는 하늘을 향하여 오른손을 들고 맹세하듯이 외쳤습니다.

"지체하지 아니하리니"(6)

1) 그가 밟고 선 바다와 땅은 세계 모든 곳을 의미합니다.

우리가 두루마리 안에 담겨진 내용을 전해야 할 대상이 가까운 주변부터 땅끝까지입니다. 11절에서도, "네가 많은 백성과 나라와 방언과 임금에게 다시 예언하여야 하리라"고 복음 전파 영역을 말씀하셨습니다.

눈을 들어 하나님께서 내게 주신 복음 전파 영역들을 바라보십시오!

2) 우리는 지체하지 말아야 합니다.

지체하지 말아야 하는 것은 두루마리의 내용을 듣지 않으면 지옥에 던져지기 때문입니다. 생명을 잃어가는 자들이 주변에 너무 많기 때문입니다.

지체하지 말아야 합니다.

어서 전하라는 사명입니다.

때를 가리지 말라는 촉구의 음성입니다.

큰 소리로 외치라는 사명입니다.

하나님의 목적 있는 사명입니다.
우리가 복음을 외칠 때 결과가 있습니다.

"일곱째 천사가 소리 내는 날 그의 나팔을 불려고 할 때에 하나님이 그의 종 선지자들에게 전하신 복음과 같이 하나님의 그 비밀이 이루어지리라 하더라"(7)

하나님의 구원 비밀과 심판의 비밀이 세상에 들려질 때, 우리보다 앞서서 복음을 전했던 선지자들을 통해 결과가 있었던 것처럼 지금도 복음의 결과들이 나타납니다.

복음은 생명의 소리입니다.
생명의 소리를 듣고 반응하지 않는 것은 죽은 자입니다.
살아야 할 자들은 복음의 소리가 들려질 때 반드시 살아나고야 맙니다.

3) 하나님의 시간은 정해져 있습니다.
세계 종말, 마지막 때의 시간은 하나님의 심정 안에 있습니다.
연월일시는 감추어져 있지만 그날에는 복음을 듣고 살아나지 못한 자들에게는 영원히 멸망에 처하는 심판과 저주의 날이 될 것입니다.

인간의 생명은 시간이 정해져 있습니다.
그 날과 연월일은 하나님밖에 모릅니다.
지금은 복음을 듣고 살아날 수 있는 기회입니다.
복음, 하나님의 두루마리에 담겨진 구원의 비밀을 듣고 믿는 자만이 구원을 얻습니다.

청중 결단

지금은 지체하지 말고 복음을 전할 때입니다.
교회의 가장 시급한 사명은 복음 전파입니다.
성도의 가장 시급한 사명은 복음 전파입니다. 시간이 없기 때문입니다.
지금 이 순간도 나라와 민족과 백성들이 세계 도처에서 지옥으로 던져지고 있기 때문입니다. 그래도 가만히 계시겠습니까!